家を買って得する人、損する人

人気不動産鑑定士が教える、将来不安がなくなる家の選び方

松本智治

ダイヤモンド社

はじめに

この本を手に取っていただいた方は、「家を買いたい」「でも損をするのはいやだ」と思っている人だと思います。住宅ローンを組んで家を買うというのは、つまり、借金をして家を手に入れることです。

家は「快適に住む」ことだけが目的ではありません。多額の借金をして購入するのであれば、その家の将来的な資産価値にも目を向けて購入した方が、金銭的な面から考えれば得をすることになります。

しかしながら、**将来まで考慮して、購入した方が得か損かという判断は難しいものです。**例えば家を持つと、さまざまなお金がかかります。住宅を購入する際にかかる手数料や登記料、不動産取得税、そのほかに、何十年と住まう間に施すべき多額の修繕費用、そして毎年の固定資産税などです。逆に、住宅ローン控除という税金の優遇もあり、年末調整や確定申告などの手続きをすると、税金の一部が戻ってきます。このようなことも含めて考えると、さらに損得の判別は難しくなります。

私はこれまで、不動産鑑定士として、不動産業に20年関わってきました。

不動産鑑定とは、不動産全般について、この物件は金額に換算するといくらになります、と評価を行う仕事です。その評価とは単に値付けを示すのではなく、その金額になる根拠をさまざまな資料などを提示しながら理論的に説明します。不動産業に携わるプロフェッショナルの方々から意見を求められますし、複雑多岐にわたる参考資料を作成し、購入、または投資に値する不動産かどうかというアドバイスをしてきました。

不動産の売買取引については、不動産仲介会社の取引業務セクションにおいて、売買契約や住宅ローンの相談及び申し込み手続き、さらには戸建て分譲デベロッパー（建売業者）で分譲用地の仕入れ、住宅の建築から販売、そしてアフターサービスまで１０００戸以上に関わりました。

独立してからは、有効活用を図れていない土地や空き家などの不動産について、新たな利用を行った場合にどれほど価値が上がるかといった「提案型鑑定評価」というサービスを提供し、不動産の新たな価値創造のアドバイスをしております。

私のように、不動産業の現場経験と、不動産の価値に関する鑑定評価という理論的な両方の仕事に多く携わってきた人間というのは、実は多くはありません。この経験から、実際に不動産を買うときに、この値段と釣り合っているのか、そしてその物件がお買い得かどうか、ということを常に判断してきました。

今の日本社会は、私が不動産に携わり始めた頃とは様相が全く異なっています。住宅ローン金利はひと昔前の時点ではとても考えられなかった水準まで下げていますし、情報面においてはインターネットが広く普及したことから一般の人でもより多くの情報を簡単に収集できる時代になりました。

他方で、先進国でもトップクラスの勢いで少子高齢化が進み、老後に対するお金の不安や、高齢者でも働き続ける必要性があるなど、将来を見据えるうえでさまざまな不安要因が増えつつあります。日本人の誰もが将来に対する不安を抱える時代、ますます不透明感が増していく社会、それが今の日本です。

人口減少が本格的に深まる中で、特に何も備えることなく住宅を購入することは危ない「負」の財産を抱えることにつながりかねません。

しかし、住宅を購入する際に、「住みやすいかどうか」というのは検討したとしても、「将来、損してしまう家かどうか」ということまで考えて購入する方は少ないでしょう。

そのような方々に、私が実際に住宅購入コンサルティングで使用しているシミュレーションを知っていただき、損をしない家であるかどうか、簡単かつ一目でわかる資料を紹介したいと思ったことが、この本を書くきっかけでした。

つまり本書で紹介するシミュレーションは、自分の条件を当てはめれば、検討している家は買うべきかどうかが、すぐに判断できるツールなのです。具体的な使い方などは94ページに紹介しました。ぜひダウンロードして、ご利用ください。

さらに、このほかにも、不動産業界の仕組みを平易な言葉で説明しました。不動産を購入するには、不動産仲介会社、そしてそこで働いている営業マンに「この人にいい物件を紹介したい」「いい物件を買ってもらいたい」と思ってもらわなければいけません。不動産業界のウラを知ることで、初めて家を買うときでも、どのような対応をすればよいのか理解できることと思います。

お気軽にご一読頂ければ幸いです。

2017年4月

不動産鑑定士　松本智治

『家を買って得する人、損する人
人気不動産鑑定士が教える、将来不安がなくなる家の選び方』

――目次

第1章

第2章 検証!! 家を買うのと借りるのでは、どちらが得か？

第3章

将来、破産しないための資金計画

第4章

これだけ知れば基本は充分！住宅ローン選びのノウハウ……135

第5章

購入したい物件の価格交渉術……197

第1章

家を買って得する人、損する人

持ち家は、「資産」か「負債」か？

ベストセラー、『金持ち父さん 貧乏父さん』の教え

国土交通省の調査によると、日本における20歳以上の8割を超える人が住宅を所有したいと思っています。近年、不況の影響もあって持ち家率が下がってきたとはいえ、現在でも約6割の世帯が家やマンションを保有しています。日本社会では、立派な家を建てることがステイタスの象徴でしたので、家を持ちたいという願望は日本人の心に根付いた価値観によるものであると思います。

他方で、家を所有することは「負債」であるとする考え方もあります。

2000年に発刊された『金持ち父さん 貧乏父さん』（ロバート・キヨサキ、シャロ

ン・レクター共著）という本をご存じでしょうか。この本はアメリカの投資家であり、実業家でもあるロバート・キヨサキ氏が、高学歴でも貧乏な父と、ハイスクールすら卒業していないが事業で成功した金持ちの父、この二人の考え方を元に、お金持ちになるための方法を説く……という内容です。

アメリカのみならず日本でも大ベストセラーとなり、累計３８０万部を超える人気シリーズの本で、今でも売れています。私自身、発売された当時にこの本を読んだことで、お金に関する考え方が変わりました。**「お金を上手に増やすには、お金にうまく働いてもらう仕組みを手にすることが有効である」ということ。**こういった考え方は、その当時、新鮮に感じられました。

この本では、お金に働いてもらう一つの策として、投資用不動産の購入を勧めています。収益を生む不動産を運用することにより、自分が直接働いて稼ぐ以外にも収入を得るべきだという考え方です。

不動産業に携わってきた私にはうすうすわかっていたことでしたが、それが、はっきりと書かれていて、「やはり収益不動産を持つのは重要なのだ」との思いが強くなりました。

そして、さらに読み進めていくと、この本では収益用の不動産とは逆に「自宅の購入」こそが「お金の浪費」の代表格だとしています。

確かに、住宅を購入することは、「教育費」及び「老後費」と並ぶ人生の3大支出項目とされており、総支払い額は数千万円となります。また、収益用不動産とは違って、お金を生み出すものではなく、維持費などでお金が出ていく＝浪費するという考え方もできます。ロバート・キヨサキ氏は住宅の購入ではなく、投資用不動産の購入を勧め、投資用不動産の購入は毎月一定の家賃収入を得られるキャッシュを生み出すシステムであるとして、左記のように表しています。

投資のための不動産＝「資産」（キャッシュを生む不動産）

居住のための不動産＝「負債」（キャッシュを浪費する不動産）

しかし、本当にそうなのでしょうか？

この本の中で、たったひとつ私が同意できなかったのが、この居住のための不動産の考え方です。

「住宅費」は、生きている限りずっとかかるもの

親から譲り受けたなど、自宅を持っている人は別として、購入するにしろ、賃貸するにしろ、住宅費は必ずかかります。住むための不動産を購入して住宅ローンを支払うことを一律に「負債」と決めつけてしまっては、本質そのものを見誤ることになります。

私は、**その家が本当に負債なのかどうかは、賃貸で住む場合と住宅を購入した場合とで、きちんとそれらの総コストを把握し、そのうえで比較する方法によって判断すべきだと思います。**というのも、将来売却するのであれば、それは「資産」として考えることができるからです。

例えば、購入した住宅が、数年、もしくは十数年後に、購入時よりも高く売れるのであれば、月々支払っていたローン返済のお金は貯金していたのと変わりなくなります。他方で将来、売却するときの価値が、購入時に比べてほとんど価値がなくなっていたとしたら、それはずっと賃貸で住んでいた場合よりも、損をしてしまっている可能性が高いでしょう。

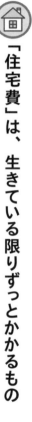

さらに、賃貸支持派の人たちのなかには、先行きの見えない時代に、30年を超えるような長期のローン、つまり借金を背負うことについて否定的な意見もあります。

けれども、賃貸にしても、家賃を一生涯払い続けなければならないという金銭不安がつきまといます。住宅ローンの支払いはいつか終わりますが、賃貸で住み続ける場合の支払いはずっと続くのです。

家賃の支払いはもったいない、という考え方

私が住宅のセールス部門にいたときに、お客さんからよく聞いた意見が「家賃を払い続けるのはもったいない(から家を購入したい)」というものです。

これは非常に共感する意見ではないでしょうか。

実際に、家賃を払い続けることがもったいないことなのかどうかは、家賃の金額や、購入した場合の金額、修繕や税金などの諸経費も含めて比較しなければなりません。

さらに、購入した物件を売却した場合、そして売却せずにずっと住み続けた場合な

ど条件もケースバイケースです。

本書では、ずっと賃貸で暮らした場合と、家を購入した場合のシミュレーションを行っています。シミュレーションにより賃貸が有利と判断ができれば、家を購入しないと決めるのも一理あります。住宅を購入する場合よりも、賃貸に伴う支出額の総額の方が少ないのであれば、家賃を払い続けることは決してもったいない話ではないからです。

住宅購入と賃貸の場合の損得の見極めについては、第2章でシミュレーションを交えて詳しく解説します。

持ち家が「資産」になる、たった一つの条件

持ち家が買って得になる「資産」になるか、「負債」になるかの違いは簡単です。

それは、**「負債超過」になっていない物件**かどうかです。つまり、ローンの返済途中で住宅を売却しても、借金が残らないプラスの資産状態であるということです。

もちろん、買ってすぐに買った値段よりも高く売れる……というのは難しいでしょ

う。ですから、ローンの返済を続けながらも、売ろうと思えばローンの残高よりも高い値段で売れる自宅というのが、資産価値のある家です。

つまり、**値段が下がらない、あるいは下がりにくいような家を選ぶという視点があるだけでも、買って損しない人になれる**可能性が高まります。

負債超過にならないためには、住宅ローンを借り過ぎない、というのも重要です。頭金をなるべく多く貯めたり、物件の値段を下げるという選択肢を取り入れることで、借金が残らずに物件が売れるという条件をクリアすることができます。

〈家を買って損しない人になるためのポイント〉

① 頭金はできるだけ多く、借入金額はできるだけ少なくする
② ローンの利息はできるだけ低いものを選ぶ
③ 地価水準や不動産取引価格が下がりにくい物件を選定する
④ ローンの借入期間はできるだけ短くする

1-1 家を買って損しないポイントは「負債超過」になっているかどうか

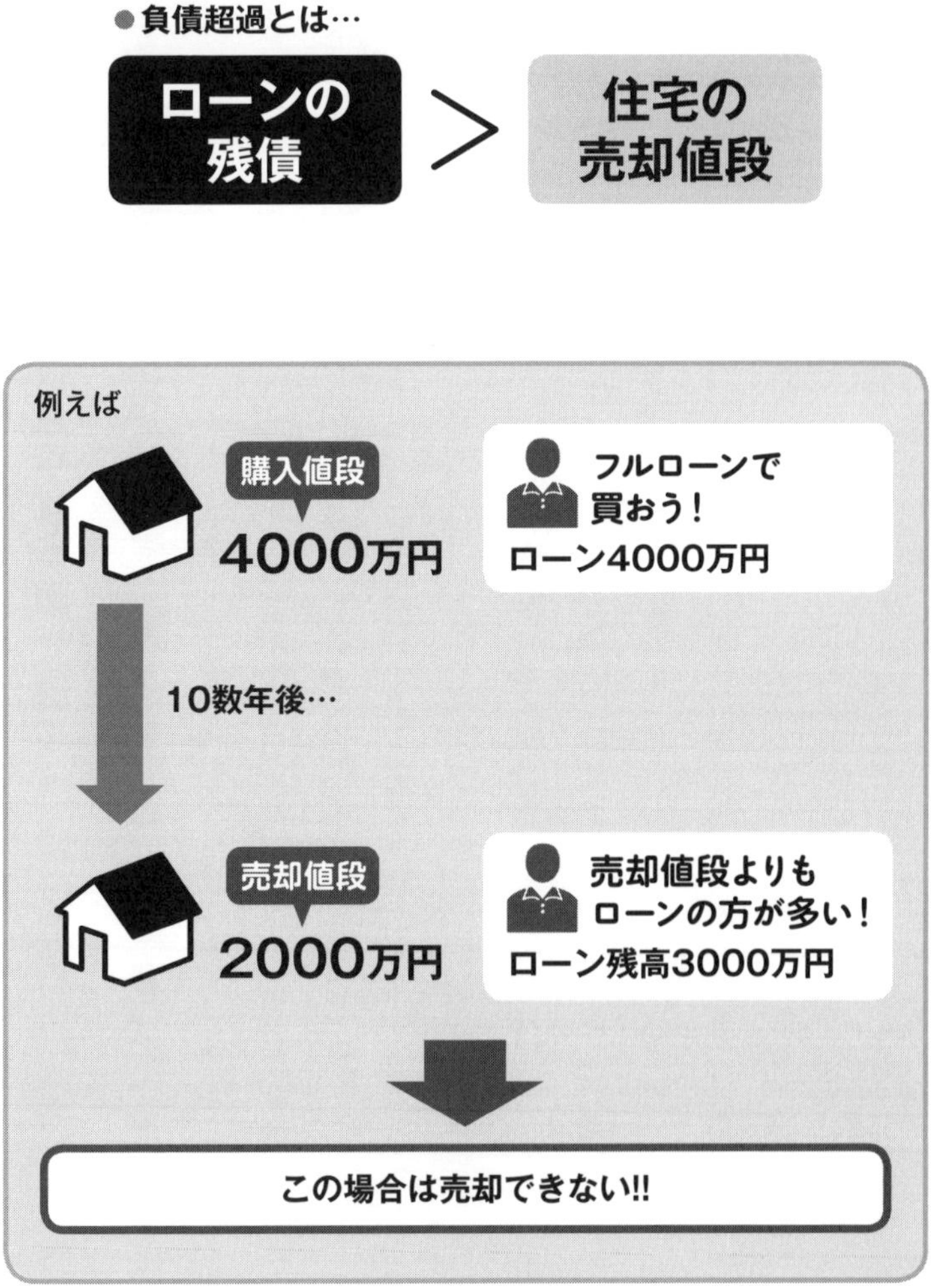

スムーズに買い替えられる家を選ぶ

家を買って損をしないためには、「家＝永住するもの」というよりは「ライフスタイルに合わせて買い替えるもの」という考えを取り入れることが大切です。

そして、買い替えるということは、自宅が市場に出たときに、市場性があるかないか（高く売れるのか、安くしか売れないのか）が重要になってきます。

ファミリー世帯においては、子供が生まれて家族が増える、そして、子供が独立して必要な部屋数が減るなど、住宅に住む家族構成が時を経るとともに変化していきます。世帯にとって持ち家に関する一つの理想は、家族構成の変化に対して適切に住宅の買い替えができることであると私は考えます。

もちろん、子供がいない（持たない）世帯や、単身世帯においても、仕事や趣味といったライフスタイルの変化に応じて住まいを変えるケースが多々あると思います。その場合にも、やはり、家をスムーズに買い替えできることが有利であるといえます。

住宅の買い替えがスムーズにできるためには、最初に買った住宅をいくらで売却できるかがポイントになります。それが、次の住宅の買い替えを行うための「資金」になるからです。そのためには、売却時になるべく高く売れるものを購入するという視点が必要なのです。

今まで、住宅をローンで購入する場合には、「無理のない住宅ローンの返済額」や「自分の年収で買える物件」という点ばかりに気を取られがちでした。しかし、これから家を買うには、その家の「資産性」に着目し、買って結局、「得なのか」「損なのか」というところまで考えなければなりません。

そこまで考えることによって、**家を買う行為が単に「借金を背負うこと」ではなく、貯金よりも割のいい「資産形成の手段」としての意味を持ってくるから**です。そして、その考え方は少しも難しいことではありません。この考え方を持っているかどうかで、将来のお金の不安が激減するはずです。

住宅購入で心得ておきたいこと

住宅を「資産」と考えれば、老後に買い替えが可能となる

住宅を購入した家族世帯で多くの方が頭を悩ませているのが、**家族構成の変化に対し住宅を適切に買い替えられない**という問題です。この問題の根底にある原因のひとつに、利便性に関する立地条件を犠牲にしてしまったことが考えられます。

結婚をして賃貸住宅に新居を構え、子供の出生とともに住宅を購入すべきかどうか悩む人も多いと思います。子供が2人や3人いる場合はなおさら、小学校へ通い始めた頃から子供部屋をあてがう必要もあるため、広めの住宅を探します。その際に、家族のために利便性を妥協し、住宅を購入するというのがこれまでのパターンでした。

ただ、子供が独立し、やがて夫婦二人きりとなると広めの間取りが厄介に思えてきます。また、ちょっとした買い物をする際にも歩いてお店まで行くにはしんどく、どうしても車を多用しがちです。車の運転能力も年齢を経るごとに落ちていくので、安全面に不安を感じたりします。そのときに改めて、利便性を犠牲にしたことを後悔するようになります。

家族の構成が変化するとともに住まいを柔軟に合わせるためには、賃貸住宅の方がよりスムーズです。特に人口減少が進む地域では、利便性が悪いと満足な価格で売れない状況となりますので、利便性を犠牲にして住宅を購入することは相当のリスクを伴います。

しかしながら賃貸住宅では、前述した「家賃を払い続けなければならない」という問題がつきまといます。

それゆえ、子供がいる家族世帯においては、家族構成の変化に合わせて買い替えができることと、老後における住宅費など家計支出の軽減という両面への対処が必要となってきます。

そこで、住宅ローンの残債と、将来、住宅が売れるであろう価格を意識することが重要です。不動産投資の分野では「出口戦略」ともいいますが、購入する際には、子供が独立した後の住まいのあり方についてもあらかじめ考慮しておくべきなのです。

なぜ賃貸には、ファミリー向けの間取りが少ないのか？

ファミリー層が住宅を購入する理由のひとつとして、賃貸では満足できるような物件が少ないという点が挙げられます。

なぜ賃貸住宅には、十分な広さのファミリー向け間取りが少ないのでしょうか。実は、賃貸住宅を建築する家主（大家）の立場からみれば、自ずとその理由が分かります。ひとことで言えば、賃貸経営をする大家にとって「部屋の間取りを広くすればするほど、投資効率が悪くなるから」ということになります。

左図のように、ファミリー向け住宅を建築する場合と、ワンルームを建築する場合とでは、家賃をとれる面積当たりの単価は、狭いワンルームの方が高くなります。さらに、ワンルームでもファミリー向け物件でも建築単価はそれほど大きくは変わりま

1-2 ワンルームを作った方が、投資効率がよい!

●ファミリー向け１戸で、ワンルーム３戸分になる

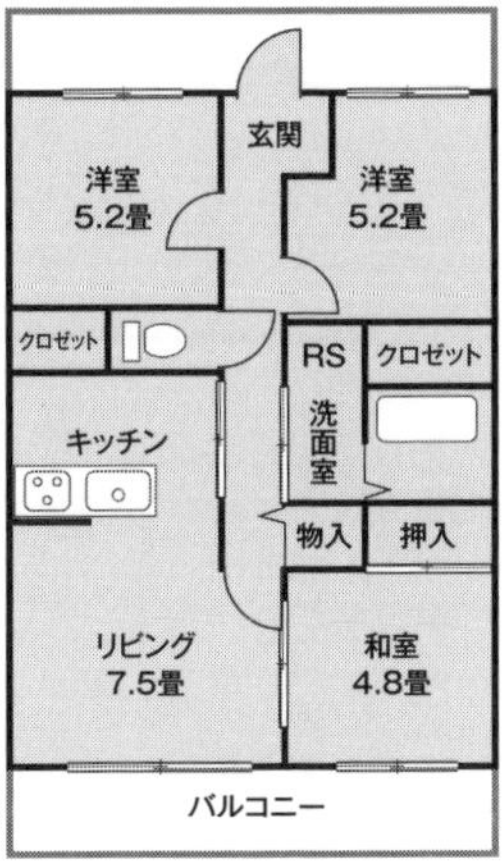

【ファミリー向けの間取り 約63㎡】

○賃料（共益費込）　126,000円／月
（月当たり賃料単価　12.6万円÷63㎡
＝2,000円／㎡）

○建築単価　　135,000円／㎡
建築単価あたりの年収益率
2,000円／㎡×12ヵ月÷135,000円／㎡
≒17.8%

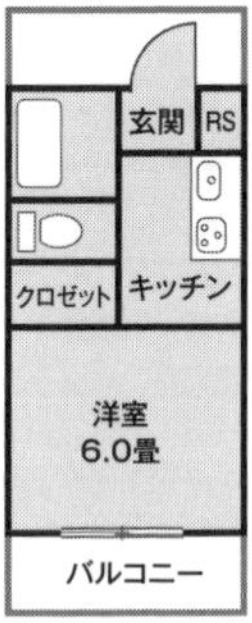

【ワンルーム型の間取り 約21㎡】

○賃料（共益費込）　63,000円／月
（月当たり賃料単価　6.3万円÷21㎡
＝3,000円／㎡）

○建築単価　　150,000円／㎡
建築単価あたりの年収益率
3,000円／㎡×12ヵ月÷150,000円／㎡
≒24.0%

高い方が○

**間取りを狭くした方が家主の
投資効率（手取り収入）は良くなる**

せん。それゆえ、狭いワンルームの方が、広いファミリー向けよりも投資利回りが高いのです。

駅に近い立地であれば、単身者の需要があるためワンルームでもよいですが、駅から離れた利便性に劣る地域では、単身者の借り手は少なくなるので、ファミリー向けの住宅を建てます。しかし、この場合にも、部屋の間取りをできるだけ狭くすることが投資効率を上げることにつながります。

ですから、借りる側が満足できるような十分な広さのファミリー向け賃貸というのは総じて少ないという結果になります。

このことから、あなたがファミリー物件を賃貸か購入かで迷っているのであれば、購入用の物件の方が、満足できるような広さ、間取りのものが出てくる可能性が高いと思います。まして、今は住宅ローンの金利が極めて低いので、**家賃並みの金額で自宅が持てるというのは、住宅の質からみても、あながちウソではありません。**

「買い替え」をしない世帯であれば、賃貸も選択可

子供がいない（持たない）世帯や単身世帯で家族構成の変動がないと考えた場合には、子供がいる家族世帯よりも住宅の選別がしやすくなります。

私の提案は、家族のスタイルに合わせて家も住み替えるべき、ということなのですが、家族の人数が変わらないのであれば、買い替えるという視点がなくても大丈夫です。

つまり、住宅を資産として捉えるよりは、あくまで「住むために使うもの」という考え方でもいいので、売却時において重要なポイントである利便性や、住宅の値段が下がりづらいエリアを選ぶといった条件はさほど重要ではありません。

また、単身世帯などで、住宅を購入するよりも賃貸で家賃を支払い続けた方が総支出的に有利であれば、賃貸で住宅費を抑えて、その分、趣味やライフワークへの出費に充てた方が人生を充実させられることになるでしょう。

このような場合のシミュレーションについては第3章で具体的に解説します。

なんとなくマイホームを買うのはやめなさい

日本人の平均寿命は100歳に達する！

厚生労働省の調査によれば、2015年時の日本人の平均寿命は女性で87・05歳、男性で80・79歳と、いずれも過去最高を更新しました。左表の「日本人の平均寿命（1991年～2015年）」の推移によれば、過去25年間において日本人の平均寿命は男女ともに5歳のび、毎年およそ0・2歳ずつ平均寿命がのび続けている計算になります。

現在40歳の女性であれば、将来時点の平均寿命は約9～10歳程度のびることになります。さらには、現在5歳の児童であれば平均寿命は16～17歳程度のびる計算です。すなわち、今の5歳の女の子の平均寿命は100歳を超える計算になります。

1-3 日本人の平均寿命は、年々のびている!

● 日本人の平均寿命(1991年～2015年)

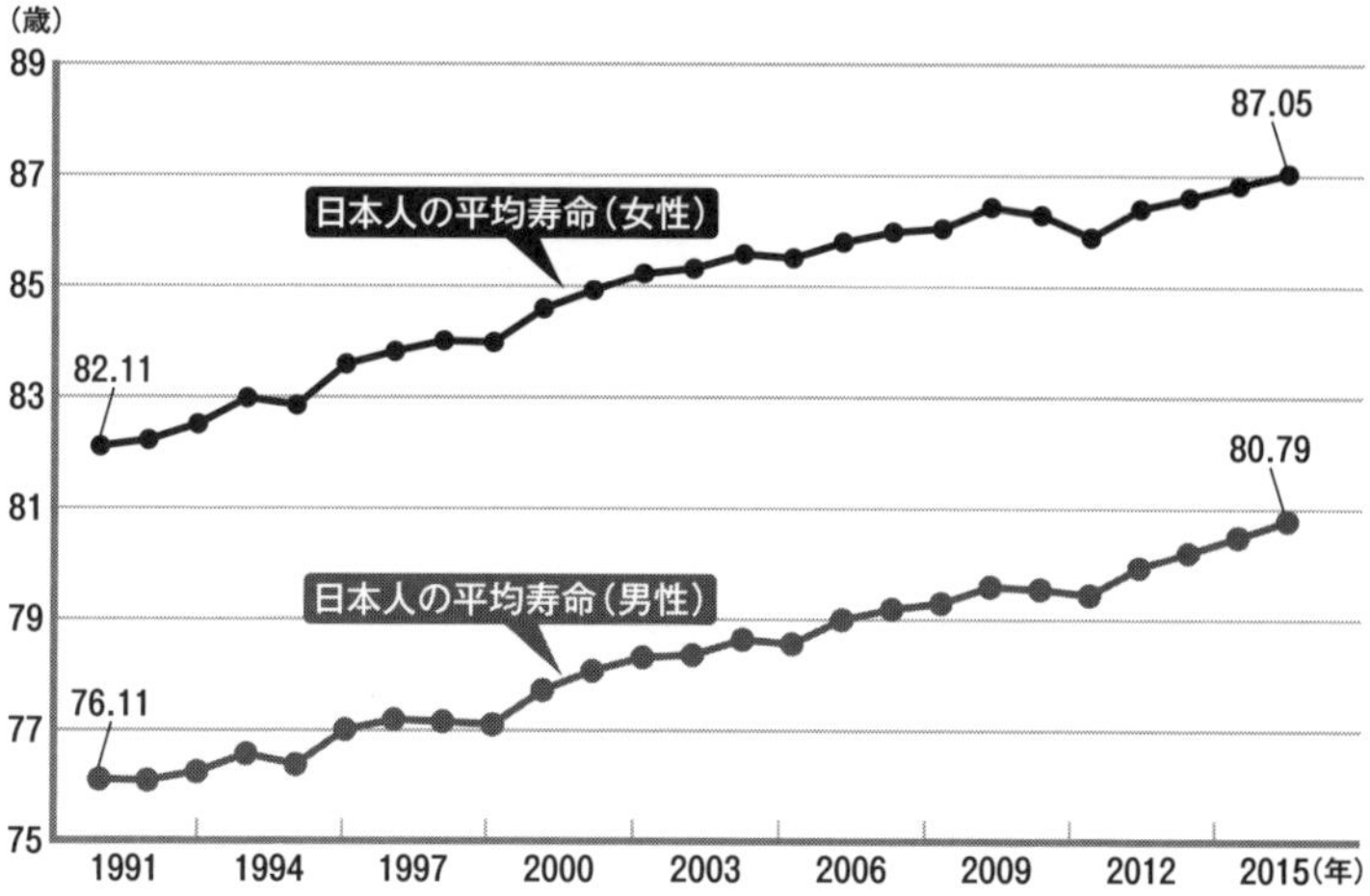

出典：厚生労働省

女性(87.05歳－82.11歳)÷25年≒0.20歳／年

男性(80.79歳－76.11歳)÷25年≒0.19歳／年

過去25年間において日本人の平均寿命は
毎年約0.2歳ずつのびている

もちろん、このような単純計算ではいかないと思われますが、『LIFE SHIFT－100年時代の人生戦略』（東洋経済新報社）という書籍では、「2050年までに、日本の100歳以上人口は100万人を突破」し、さらに、「2007年に日本で生まれた子供の半分は、107年以上生きることが予想される」と記しています。

ですから、今現在30歳の男性の平均寿命が90歳に達するというのは想像に難くありません。仕事を退職し、余生がまだ30年あるとなれば、「もう一度、人生を生きる」くらいの感覚ではないでしょうか。今の子供たちの世代では、さらにはっきりと人生を2度経験するような世の中になるでしょう。

このような時代が来るとして、住まいはどのように考えたらいいのでしょうか。

賃貸のままでは、「長生き」に備えられない

給与や所得がなかなか思うように伸びない今の経済情勢において、仮に、多少給与が増えたところで、その分をモノやサービス等の消費に使わない人が多いと思います。なぜなら、今の日本人の心の中にある漠然とした不安が解消されていないからです。

その不安とは、「将来」であり、「老後」であると思います。
老後資金について必要な金額はさまざまな見解があり、3000万円、あるいは5000万円以上準備すべきともいわれていますが、人それぞれの生活水準によっても大きく変わりますので、金額は一概には言えません。

このような老後資金の不安に関して、住宅問題を扱う私は次のように考えています。住宅を購入するにしろ、賃貸として家賃を支払うにしろ、**老後は、住宅に関する出費を抑えられるようにすべきです。**

要は、年金以外に収入が途絶える老後において支払う住宅費が少なく済めば、少額な年金支給額や少ない貯蓄でも、それなりに生活することは可能であるということです。そのため、なるべく早い段階で住宅を購入し、住宅ローンの支払いをできるだけ早く終わらせておくことが、長寿という課題への有効な対策と考えます。

他方で、これからは高齢者のための家賃が安い賃貸住宅が増えて、主流になっていくとする意見もあります。

確かに、最近では高齢者向けの賃貸住宅も徐々に増えています。賃貸住宅を経営している家主のなかにも、今後は積極的に高齢者に借りてもらえるような運営方針を出している方も見受けられます。

しかしながら私の印象では、どちらかと言えば利便性が悪く、入居者が思うように集められないような賃貸住宅について、高齢者でも積極的に迎えるとうたっているものが多いような気がします。このような住宅で高齢者を優遇しますといっても、かえって高齢者の生活利便性を損ないかねないことも指摘したいところです。

今後、高齢者が増えることで、車を使わなくてもよい利便性のあるエリアの住宅はますます需要が高くなります。

すなわち、**将来、高齢者に適した、家賃が安い賃貸住宅が充分に増えるというのは難しいのではないかと思っています。**それを念頭に考えると、やはり長寿時代への対策としては、住宅購入を検討するのが良いのではないでしょうか。

人口減少が進む日本では「利便性」が第一優先

現在、日本は世界でもトップクラスの少子高齢化の国だと前述しました。実は、人口減少と不動産の価値には一定の相関性があります。**人口が減少している地域は、地価水準も同様に下落する傾向にある**のです。

本格的な人口減少時代に突入しつつある日本社会において、今後、住宅の価値は「利便性に優れる立地条件」が最も優先されることは間違いありません。街の中心から遠く離れたところでは住宅の価値は低減します。また将来的には、「高齢者」といえる年齢になっても一定期間働き続ける必要が生じ、働き続けるためにもやはり利便性が大切です。

これまでは、なるべく価格が安く、かつ、間取りが広い住宅を求めて、郊外へ郊外へと探す範囲を広げ、利便性をある程度犠牲にすることはやむを得ないものとして住宅の購入を決めていたと思います。

このように言う私自身も、不動産会社で住宅の販売に従事し始めた20年前の頃には、住宅を購入するお客様に対して、こう進言したものです。

「この住宅は、お子さんの部屋を確保するための間取りの広さや、緑も多い周辺環境ですので、とてもお勧めできます。ただ、駅から遠くなることだけが欠点です。100%満足を感じていただける住宅ではありませんが、この点だけご辛抱願えないでしょうか」

住宅がどんどん値上がりしていた頃は、住宅ローン金利も今の何倍もの利率でしたから、金利が高い分、月々の支払額やローンの総支払額も高額となりました。

そのような状況で、マイホームの夢をかなえるためには、利便性という大事な要素を犠牲にしてもらうしかなかったのです。

しかし、今後においては、利便性に優れる立地条件がますます重要なものとなります。利便性という条件を犠牲にすると「住宅の資産性」を大いに損なうからです。この点は、第3章で詳しく解説をします。

「住宅ローン破産」と「住宅価値」の関係

住宅を購入するにあたって最も悩ましい問題は、住宅ローンの返済不能に陥るリスクがあることです。

報道番組などで住宅ローンの返済不能に陥った家庭の状況を目の当たりにすると、住宅を購入することはリスクであるという言い分も理解できます。

アメリカにおける住宅ローンというものは、一般的に「ノン・リコース・ローン」といわれ、ローンの支払いができなくなった場合には住宅自体は担保として銀行に取り上げられますが、残りの借金については、その後は支払わなくてよい形式になっています。いわば、返済不能に陥った際のリスクはお金を貸す銀行側が負っています。それゆえ、ローンの金利も市場の金利よりもやや高め（2016年12月末現在、米連邦住宅貸付抵当公社の30年固定金利で平均4・32％）に設定されています。

しかし、日本の住宅ローンはアメリカのような形式とは対照的です。**住宅を取られたうえに、残ったローンの残債についても返済をし続けなければならず、返済不能の**

リスクはほぼお金を借りる側が負っているのです。

さらに、アメリカの中古住宅においては年数の経過と住宅の価値とはあまり関係がなく、立地性が良ければ多少古くても充分価値が保てます。すなわち、アメリカの住宅は、住んだ後も買った価格とほぼ同じ価格で住宅が売れるということです。地域（エリア）によって、また修繕などで家の手入れにお金をかけたことにより、年数が経つほど価値が上がる場合さえあるといいます。

他方、日本の住宅は、バブル崩壊後は、時を経るごとに価値が下がることが一般的です。そして「新築」が最も価値が高く、新しい方が古いものよりも価値があるとされます。

結局、高いお金を出して住宅を購入したとしても、毎年その価値が下がるために、ローンの支払いが滞った場合に住宅を売却しても損が埋めきれずに自己破産を選ばなければならないということです。

なぜ日本では時を経るごとに住宅の価値が下がるのでしょうか。これは、日本人特有の新しもの好きや神経質さから来ていると私は感じています。「新モノ」「初モノ」に価値を見出す価値観とでもいうのでしょうか。不動産の評価制度によって新築と中古で評価の手法が分けられているのではなく、あくまで日本人の価値観によって、「新築」と「中古」の価値に顕著な差異が生じているのだと思います。

結局のところ、住宅ローン破産に陥らないためには、毎月返済可能な額を借りるということも大切ですが、**途中で売却したときに、住宅ローンの残債よりも、その値段が上回るような、「価値が下がりにくい」物件を選ぶことが大切**なのです。

家を買って損をしないための判断

持ち家と賃貸、どちらが得か試算するには？

住宅を購入すべきか否かを悩む方々が、長い人生のターニングポイントにおける正しい判断をするには、何らかの判断資料となり得るものが必要です。

前述したとおり、住まいを購入して住宅ローンを支払うことと、賃貸に住んで毎月家賃を出費することが同じことだと考えれば、問題は、どのようにして互いの総支出額を比べるかということになります。

さまざまな住宅関連の書籍や週刊誌などで購入と賃貸ではどちらが得であるかをシミュレーションしたものは、私も幾度となく目にしてきました。一般的なものでは、

価格3000万円の物件を購入した場合の住宅ローンの支払総額≒**4304万円**

（借入期間35年、頭金なし、金利2・2％の場合）

家賃10万円（共益費込）の物件に35年間住んだ場合の家賃総額＝**4200万円**

（10万円×12か月×35年）

として、住宅ローンの総支出額と、家賃の支払い額を見比べることが多いです。この試算では、3000万円のローンを組んだ場合と、家賃10万円を35年間払い続けた場合とは、ほぼ変わらないものとされます。

しかしながら、これだけの比較だけで両者を比べるのは、全く不十分です。

まず、住宅を購入する場合には、物件価格の3％相当の仲介手数料や、銀行融資を受ける際のローン保証料、登記に関する費用など、さまざまな諸費用がかかることもご存じのとおりです。さらに家の保有には、固定資産税や都市計画税の支払いをしなければなりません。

また何年かごとに外壁や屋根などについて修繕メンテナンス工事を施す必要があります。マンションの場合には、毎月の管理費や修繕積立金を考慮しなければなりません。これらの出費をすべて考慮すれば、かなりの金額にのぼります。

他方、賃貸については、契約時に仲介手数料や、敷金及び礼金、住まい保険や家賃保証会社への保証料などの諸費用がかかります。これらは購入する諸費用より少額であり、固定資産税や建物の修繕費などはすべて家主負担となるので、賃貸の方が断然得であるという考え方もあります。

確かに、借り手は直接、固定資産税や修繕維持にかかる費用などを支払ってはいませんが、家主は入居者からの家賃でもってこれらの諸費用を負担しています。そう考えると、あらゆる経費の負担者は、結局、借り手であることになります。

従って、購入の場合と賃貸の場合の有利不利を見極めるためには、やはり各々の場合のあらゆる支出額を見比べなければならないはずなのです。具体的な支出額の比較シミュレーションは第2章で行います。

「いま買わないと」「いつまでに買わないと」というワナ

住宅を購入しようとする際には、さまざまな勧誘を受けると思います。

例えば「いま買わないと損をする」というケース。主に不動産業者からの、今が断然お買い得の時期とする営業文句があります。現在の住宅ローンの低金利によって毎月の支払いがとても低い金額を見せられた後に、「これが仮に金利が1%上昇すると、30年間の総支払額はこんなに変わりますよ」と、新車1台分にも相当するような金額を見せられると、今すぐ購入しないと損をするかのような感覚にさせられるかもしれません。本来お客様の良きアドバイザーであるべき不動産業者が、売り上げのノルマを達成すべく必要以上に購入の決断を迫る場合もあります。

1-4 購入と賃貸の支出の比較は、諸費用も大事!

●一般的な購入と賃貸との支出比較

価格3,000万円の物件を購入した場合の

住宅ローンの支払総額　≒　**4,304万円**

(借入期間35年、頭金なし、金利2.2%の場合)

賃料10万円(共込)の物件に35年間住んだ場合の

賃料総額　＝　**4,200万円**

(10万円×12か月×35年)

ローン支払額と賃料支払額との比較では
ほとんど変わらないが……

↓

●購入及び賃貸の支出項目

購入の場合の項目	賃貸の場合の項目
●購入する物件価格 ●準備する頭金と住宅ローン借入額 ●住宅ローンの借入期間及び金利 ●購入時の初期費用(仲介手数料、登記料等) ●固定資産税及び都市計画税 ●修繕費、または管理費及び修繕積立金 ●住宅ローン控除額 ●将来転売価格　など	●毎月賃料及び共益費の額 ●駐車場料 ●賃貸契約時の諸費用 ●契約更新時の諸費用 ●引っ越しを行う回数　など

一般的な比較では、
これらの諸費用等が
充分に考慮されていない

他方で、「いつまでに買わないと」と、自らに購入の期限を設ける場合もあります。不動産の売買の仕組みや不動産業界の成り立ちなどについて何の知識もない状態で、例えば「今年の3月までに購入したい」などと購入期限を決めてしまうと、あまり条件に合わない住宅を紹介されていた場合でも、自らに対して強制的に納得をさせて購入の決断をすることとなります。

自分や家族の希望条件にぴったり合った物件というのは、そう簡単に見つかるものではありません。

私は主に、複雑な不動産契約書の内容の吟味や、物件に関して物的あるいは法律的な問題点などがないかチェックをするサービスなどを行っていますが、お客様から「掘り出し物といえる物件を紹介して欲しい」などというご要望を受けても、なかなか金のタマゴのような物件情報を探り当てることはできません。それゆえ、住宅探しは少なくとも半年から1年といった充分な時間を掛けて行う必要があります。「いま買わないと」「いつまでに買わないと」という考え方は損をもたらすことに繋がるものと心得てください。

住宅購入決断のための「自己判断ツール」

ここで1章のまとめとして、大事な考え方である「住宅の資産性」についておさらいします。

「住宅の資産性」とは、将来において売却可能価格と住宅ローンの残債との関係を捉え、きちんと借金を返済できる状態のことです。これにより、住宅ローンの債務超過に陥るリスクを極力回避できることとなります。

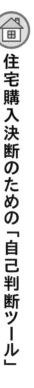

お金に関する損得勘定を優先し、住宅に余分なお金を掛けず、その分趣味やライフワークを充実させたい希望が強いならば、判断材料は主として第2章の「購入と賃貸との損得比較」によるシミュレーションが参考となります。他方、住宅ローン破産のリスクを低減させるとともに、将来、住宅のスムーズな買い替えにつなげることを併せて考慮するならば、第3章の「住宅の資産性」の考え方が重要です。

住宅の買い替えをスムーズに行えるには、少なくとも、将来的にも購入した住宅の資産価値があまり目減りしない状態を保つことが望ましいといえます。それゆえ、購入すべき住宅は最低限値下がりしにくい住宅、あるいは、大都市圏の中心に位置してむしろ今後も値上がりが期待されるような住宅です。**これら「優等」と位置付けられる住宅を購入するためのキーワードはやはり「利便性」です。**

日本において、優等といえる住宅の数は相対的に多くはなく、また、金額もそれなりに高額になる可能性もあります。住宅の購入価格が高くなれば、損得シミュレーションでは借りた方がむしろ得になることもあり、それゆえ、結論が堂々巡りになります。理想的な住宅を探すことは、人生のうちでも困難なことであると改めて考えさせられるかと思います。

住宅を買っていいものか買わない方がいいのか迷っていて、客観的な判断材料を求めている方は、ぜひ本書を判断ツールとして活用してください。

それでは次章から、具体的な購入と賃貸との損得比較のシミュレーションを行います。

Column

家計簿アプリの進化系では、自宅の時価もわかる！

最近は、スマートフォン用に無料でダウンロードできる家計簿アプリが多数ありますが、特に興味深いのは、「Money Forward（マネーフォワード）」というアプリの住宅資産に関する追加機能（有料）です。

所有するマンション名や階数などを事前に登録しておけば、不動産情報サイトの「HOME'S」が提供するマンションの参考価格と自動照合することにより、住宅の資産価値を手軽に把握できます。このアプリには、もともと住宅ローンの残高を自動計算できる機能があるので、資産と負債の両方、つまり「住宅の資産性」を反映することができるのです。

このような住宅価格情報のサービスはまだ一部のマンションに限られるようですが、マンションの場合、同じ建物であれば間取りや専有面積、方位、階数などの差異を考慮すれば参考価格を表示しやすいのが特徴です。対して、戸建ての場合は、立地条件、土地及び建物の面積、間取りや形状、日照条件、接道条件など、価格を左右する条件がさまざまであるため、参考価格を表示しにくい傾向があります。

しかしながら今後は、膨大な統計データから住宅の参考価格を適切に解析するようなAI技術が発展していくことも考えられます。あらゆるマンションや戸建ての参考価格をタイムリーに表示できる機能が充実することを期待します。

第2章

検証!!
家を買うのと借りるのでは、どちらが得か?

誰もが直面する「購入と賃貸どちらが得か？」問題

購入VS賃貸、それぞれの総支出額で比較する

マイホームは買った方が得なのか、それとも借りた方が得なのか、これは永遠のテーマだと思います。

マイホームの購入を検討している方々からはもちろんですが、不動産業者の営業マンからも「このような質問をしてきたお客様に、どのように答えればいいのか」と問われることもあります。

この疑問に対する一般的な回答は、「人それぞれの価値観やライフスタイルによって変わるため、一概には言えない」というものです。

例えば、子供の成長とともに適した学校教育を受けさせたい希望があれば、その都

度、入学させたい学校への通学エリアに容易に引っ越しができる賃貸住宅が便利でしょう。あるいは、家賃を払い続けるのはもったいないと考える人であれば「購入した方が得！」と思うでしょう。

一体、どちらが得なのか、一般的な話ではなく、もう少し掘り下げて検証する場合に、**購入と賃貸とで、それぞれの総支出額を計算すれば、経済的な損得を具体的に比較することができます。**

この章では、住宅を買った場合と借りた場合とではどちらが金銭的に得なのか、その総支出額についてシミュレーションを行います。

シミュレーション表は、縦に賃貸の毎月賃料額、横には購入する物件価格を並べてあります。標準的な長期の住宅ローン利率として1・5％を用い、借入期間を30年間として試算をしています。シミュレーション表の見方についての注意点は、55ページ（表2－1「シミュレーションでの確認事項と支出項目」）をご一読ください。

シミュレーションの構成として、「戸建て」を購入した場合と「マンション」を購入した場合との違いや、居住期間が長くなる（平均寿命にも関わる）ことにより購入と賃貸でどのように差異が生じるか、また、設定すべき金利や、将来における住宅の換価価値などをさまざまにパターン化します。

具体的に、住宅を購入する場合と賃貸を借り続けた場合で考慮すべきことは、表2－1の通り多くの項目があることが分かります。

これらの項目について、本書では一般的な数値を用いて分析した結果を示します。特に、将来いくらで転売できるかについては地域による差異も大きく、とても画一的には判断できないことから、住宅価格の下落率について数パターンの場合分けを行ったうえで、最も地域の動向に適した条件のマトリックス表を用いて損得を見極めていただきたいと思います。

本書は、初めから購入ありき、または賃貸ありきという観点からではなく、どちらがより有利なのかをご自身で探っていただくことが第一の狙いです。

2-1 シミュレーションでの確認事項と支出項目

●本書での基本的な条件

（ダウンロードのシミュレーションソフトは「居住期間」以外は自由に変えられる）

比較要因項目	確認内容
●戸建てとマンション	それぞれ賃貸と購入に費用を比較
●居住期間	30年と50年で比較
●住宅ローン利率	金利1.5%と3.0%の場合の比較
●将来の売却価格	将来における売却価値の下落率を予測、▲60%と▲50%で計算
●売却しない場合の住宅の価値	0と設定。転売や相続価値を考慮しない場合

●購入及び賃貸の支出項目

購入の場合の項目	賃貸の場合の項目
●購入する物件価格 ●準備する頭金と住宅ローン借入額 ●住宅ローンの借入期間及び金利 ●購入時の初期費用（仲介手数料、登記料等） ●固定資産税及び都市計画税 ●修繕費、または管理費及び修繕積立金 ●住宅ローン控除額 ●将来転売価格　など	●毎月賃料及び共益費の額 ●駐車場料 ●賃貸契約時の諸費用 ●契約更新時の諸費用 ●引っ越しを行う回数　など

借りた場合と購入する場合の総支出額を比較する

【購入編】購入費用、ローン総額、維持費など、どんな費用がある？

住まいを借りた場合と購入した場合にかかる総支出額の比較は以下の要領で行います。本書でシミュレーションする場合の数値は、いずれも一般的な数値をもって設定しています。

①物件頭金

購入する物件価格の何割と定め、現金で準備するものです。頭金割合を10％として物件価格が４０００万円の住宅を購入するのであれば、頭金は４００万円となります。

2-2 住宅購入に伴う主な諸費用項目

分類	購入時の主な諸費用項目
登記関係	土地移転登記費用
	建物保存・移転登記費用
	専用住宅証明取得費用
	抵当権設定費用
	司法書士手数料
	新築建物表示登記費用
ローン関係	ローン保証料・事務手数料
	ローン契約書貼付印紙代

分類	購入時の主な諸費用項目
その他費用	売買契約書貼付印紙代
	住民票・印鑑証明書等取得費
	火災保険料・地震保険料
	機構団体信用生命保険料
	水道加入金・設備負担金等
	不動産業者への仲介手数料
	つなぎ融資費用
	引っ越し費用　など

ただし、この頭金には、購入に伴う諸費用分を含めないものとします。

②購入に伴う諸費用

住宅を購入する場合にはさまざまな諸費用がかかります。登記に関する費用、火災保険料、住宅ローンに関する費用のほか、仲介手数料や引っ越し費用などがあり、**購入に伴う諸費用は頭金とは別に現金で準備するものとします。**

これらの諸費用は購入する物件の種類により左記割合の費用がかかるものと想定し、一律に左記割合を使用するものとします。

・戸建て購入の場合の諸費用割合…物件価格の９％程度と設定

・マンション購入の場合の諸費用割合…物件価格の7％程度と設定

③ローン支払い総額

住宅ローンの借入金額は、購入する物件価格から頭金を引いた差額分を借り入れるものとします。一般的な完済までの期間は平均すると30年程度といわれますので、ローンの返済期間を30年として設定しています。なお、本シミュレーションのローン返済額は計算を簡略化するため年毎の支払い金額で計算していますので、通常の毎月支払い金額とは異なります。

・住宅ローンの返済期間…一律30年と設定
・返済方法…元利均等返済方式
・返済支払時期…年毎支払い（通常の毎月支払金額とは異なる）

④修繕メンテナンス費用または管理費・修繕積立金

修繕・リフォームにかける費用は人によりかなり異なりますが、一般的な住宅のメンテナンス費用額として計上します。外装関連及び内装関連の違いで、メンテナンス

2-3 戸建ての一般的な修繕費用と目安金額

外装関連（10年～15年毎）	目安金額
外壁塗装（足場含）	100万円～120万円
屋根塗装	10万円～30万円
シロアリ予防（5～7年毎）	20万円～30万円
バルコニー防水	10万円前後
外装関連費合計	約170万円程度

内装関連（20年～25年毎）	目安金額
キッチン交換	50万円～120万円
トイレ交換	10万円～20万円
浴槽交換	70万円～100万円
壁紙張替（10～15年毎）	50万円前後
内装関連費合計	約250万円程度

をすべき間隔期間は異なってきます。

修繕メンテナンスに必要なおおよその金額について、物件価格の一定額を毎年計上するものと見立てています。また、**マンションの場合には修繕積立金と毎月の管理費があり、両項目を合わせると戸建てよりも高くなる傾向が見られます。**各々の費用割合を下記のとおりと設定しています。

- 戸建ての場合の修繕メンテナンス費用設定割合…物件価格の0・6％／年程度
- マンションの場合の管理費・修繕積立金設定割合…物件価格の0・8％／年程度

⑤固定資産税、及び都市計画税

物件や立地条件等により固定資産税（都

市計画税を含む）の支払額は異なりますが、一般的な金額として物件価格の一定額を計上し、年数の経過とともに固定資産税の金額を減少させて算入しています。また、一般的に戸建てよりもマンションの方が固定資産税の額が高い傾向にあるので、各々左記割合として設定しています。

・戸建ての場合の固定資産税設定割合…物件価格の0・5％／年程度
・マンションの場合の固定資産税設定割合…物件価格の0・7％／年程度

なお、新築を購入した場合に、戸建て住宅では3年度分、マンションでは5年度分それぞれ建物部分に関して、税金の減額措置（建物階数や面積、耐火構造等に一定の要件を満たす場合）があります。本シミュレーションでは、当該減額分について考慮しないものとしています。

⑥住宅ローン控除見込額

住宅ローン控除額については、住宅情報誌SUUMO試算の「住宅ローン控除早見表（10年間の合計額）」を参考にしました。なお、想定年収や収入構成等は、物件価格にかかわらず一律に500万円（共働きでない場合）として設定しています。

2-4 住宅ローン控除早見表（10年間の合計額）

			借入額				
			1000万円	2000万円	3000万円	4000万円	5000万円
年収	300万円	共/単	88.4万円	133.6万円	133.6万円	133.6万円	133.6万円
		専	85.0万円	88.0万円	88.0万円	88.0万円	88.0万円
	400万円	共/単	88.4万円	176.9万円	205.4万円	205.4万円	205.4万円
		専	88.4万円	159.1万円	159.8万円	159.8万円	159.8万円
	500万円	共/単	88.4万円	176.9万円	260.6万円	276.0万円	276.0万円
		専	88.4万円	176.9万円	237.3万円	238.0万円	238.0万円
	600万円	共/単	88.4万円	176.9万円	265.4万円	334.6万円	341.8万円
		専	88.4万円	176.9万円	265.4万円	303.8万円	303.8万円
	700万円	共/単	88.4万円	176.9万円	265.4万円	353.9万円	398.3万円
		専	88.4万円	176.9万円	265.4万円	350.7万円	378.3万円
	800万円以上	共/単	88.4万円	176.9万円	265.4万円	353.9万円	398.3万円
		専	88.4万円	176.9万円	265.4万円	353.9万円	398.3万円

※控除額は、標準的な所得税と住民税のケースを想定。住宅ローン金利1.0%、35年返済、2016年11月返済開始として概算額を試算。実際に借りられる額は年収など条件により異なる。なお、認定長期優良住宅、認定低炭素住宅の借入額5000万円の控除額は、年収700万円の「共／単」の場合432.1万円、年収800万円以上の場合はともに442.4万円となる

注）本試算では上記借入額を物件価格としてシミュレーションしています。共/単は共働きと単身者、専は扶養家族（専業主婦など）がいる世帯を表しています
また、5000万円を超えるものは一律5000万円の数字を使用しています

出典：「SUUMO　新築マンション（2016.10.4発行 P25）」（株）リクルートホールディングス

・想定年収…物件価格にかかわらず一律500万円（共働きでない場合）と設定

⑦将来転売価格

「買った方が将来、資産として残る」という動機から、住宅を購入する方は多いかと思います。その要因を考慮するものとして、将来時点の売却価値を算入します。将来時点の売却換価価値が▲60％下落した場合には、左記のような資産価値となります。

・当初価格4000万円の物件が転売時に6割下落した場合…転売価格1600万円
※4000万円×（1－60％）＝1600万円

将来転売価格は最も予測が困難な要因であり、また、購入が得か賃貸が得かの結論に大きく関わるものです。

本書のシミュレーションにおいては、将来価格下落割合をいくつかのパターンに分け、将来転売価格の下落がどのくらい損得に影響するかについてそれぞれのケースで考慮します。

【賃貸編】税金は不要だが、引っ越し回数や駐車場料も考慮

①賃貸契約時の諸費用

賃貸住宅を契約して入居する際に支払う諸費用です。仲介手数料、保証会社保証料、住まい保険料、礼金、引っ越し費用などで、家賃額の6か月分として設定しています（敷金に関しては退去時に全額返還されるものとしています）。なお、便宜上、家賃額には共益費等を含めた額として算定しています。

・賃貸契約時の諸費用…賃貸物件の家賃額の6か月分と設定
・引っ越しを行う回数…3回と設定（初期と合わせて都合3回）

②賃料支払額（賃料、共益費、駐車場料）

賃貸物件の家賃額は共益費を含むものとします。ただし、駐車場料に関しては左記のように戸建てとマンションで考え方が異なります。

車を保有して「駐車場付きの戸建てを購入」する場合には、賃貸物件の家賃額の欄

に毎月駐車場料を加算して参照してください。

他方、マンションの場合には一般的に敷地内に駐車場を借りて駐車場料を払うことになりますので、賃貸の場合と変わらなくなります。それゆえ、マンション購入の場合には駐車場料は考慮しなくてよいことになります。

- 戸建ての場合…車を保有する場合、家賃額に月額駐車場料を加算する
- マンションの場合…駐車場料は考慮しない

③契約更新時の諸費用

賃貸契約の更新は2年毎に行うものとして考慮しています。更新料の支払い慣行がない地域もありますが、ここでは契約更新時の仲介業者への契約更新事務手数料や保証会社への保証料、住まい保険料の継続支払いなども考慮して家賃額の2か月分として設定しています。

- 契約更新時の諸費用…賃貸物件の家賃額の2か月分と設定
- 契約更新時期…2年毎と設定

「戸建て」購入シミュレーションの具体例

具体的に、物件価格が4000万円の戸建てを購入した場合の総費用と、賃料10万円（共益費・駐車場料含む金額として）の賃貸住宅に居住した場合の総費用を比較してみます。

物件頭金を10％、購入に伴う諸費用を9％、ともに現金で準備し、残りを住宅ローンで借りた場合です。借入金利は1・5％（全期間固定として）、返済期間は30年です。将来転売価格ですが、30年経過後に5割、50年経過後に6割それぞれ下落した場合で試算しています。

4000万円の戸建て購入と賃料月10万円（共益費及び駐車場料込み）で比較した場合には、

- 居住期間30年間では「賃貸」の方が約98万円有利である（賃貸派と解釈される）
- 居住期間50年間では「購入」の方が約1500万円有利である（購入派と解釈される）

つまり、居住期間が長くなるほど購入をした方が有利であるという結果となります。

2-5 「戸建て」を購入した場合と賃貸の場合の想定費用の比較

物件価格4,000万円(戸建て)、頭金割合10%、ローン金利1.5%
賃料(共益費・駐車場)計10万円

将来転売価格：30年経過時5割下落、50年経過時6割下落と想定

単位：千円

購入の場合の項目	居住期間30年	居住期間50年
1.物件頭金	4,000	4,000
2.購入諸費用	3,600	3,600
3.ローン控除見込額	-2,380	-2,380
4.ローン支払総額	44,970	44,970
5.修繕メンテナンス費用	7,200	12,000
6.固定資産税	3,993	5,213
7.将来転売価格	-20,000	-16,000
合計(A)	**41,383**	**51,403**

賃貸の場合の項目	居住期間30年	居住期間50年
1.賃貸契約諸費用	1,800	1,800
2.賃料支払額(共益費・駐車場含)	36,000	60,000
3.契約更新時諸費用	2,600	4,600
合計(B)	**40,400**	**66,400**

30年の場合

購入総額 **4138万3000円** ＞ 賃貸総額 **4040万円**

約98万円トク

50年の場合

購入総額 **5140万3000円** ＜ 賃貸総額 **6640万円**

約1500万円トク

4,000万円の戸建て購入と賃料月10万円で比較すると
30年間では賃貸の方が約98万円得をし、
50年間では購入の方が約1,500万円得をする

「マンション」購入シミュレーションの具体例

前の項目の戸建てと同様に、物件価格が4000万円（税込み）のマンションを購入した場合の総費用と、賃料10万円（共益費含む金額として）の賃貸住宅に居住した場合の総費用を比較してみます（次ページ図2－6）。

なお、マンション購入の場合の駐車場料については戸建てとは異なり、駐車場を借りるのが一般的であるため駐車場料は考慮不要となります。

物件頭金を10％、購入に伴う諸費用を7％、ともに現金で準備し、残りを住宅ローンで借りた場合です。借入金利は1・5％（全期間固定として）、返済期間は30年です。また、将来転売価格ですが、30年経過後に5割、50年経過後に6割それぞれ下落した場合とし、これらの要因は戸建ての場合と比較がしやすいよう条件を同じにしてシミュレーションを行っています。

4000万円の戸建て購入と賃料月10万円（共益費込）で比較した場合には、

・居住期間30年間では「賃貸」の方が約498万円有利である（賃貸派と解釈される）
・居住期間50年間では「購入」の方が約891万円有利である（購入派と解釈される）

戸建てと同様、居住期間が長い方が購入有利である結果となります。

また、購入した場合の賃貸と戸建ての比較では、総費用を計算するとマンションの方が高くなる結果となりました。

戸建ては購入に伴う諸費用、つまり初期費用の面では、マンション購入と比べて高くなりがちですが、毎年かかってくる維持費用、つまり修繕メンテナンス費用については、マンションの管理費及び修繕積立金よりも低く抑えられる傾向があり、また、固定資産税の支払いでも有利だからです。。


さて、次項からは、これを一目でわかるシミュレーション表にしていきます。

2-6 「マンション」を購入した場合と賃貸の場合の想定費用の比較

物件価格4,000万円(戸建て)、頭金割合10%、ローン金利1.5%
賃料(共益費・駐車場)計10万円

将来転売価格：30年経過時5割下落、50年経過時6割下落と想定

単位：千円

購入の場合の項目	居住期間30年	居住期間50年
1.物件頭金	4,000	4,000
2.購入諸費用	3,600	3,600
3.ローン控除見込額	-2,380	-2,380
4.ローン支払総額	44,970	44,970
5.管理費・修繕積立金	9,600	16,000
6.固定資産税	5,591	7,298
7.将来転売価格	-20,000	-16,000
合計(A)	**45,381**	**57,488**

賃貸の場合の項目	居住期間30年	居住期間50年
1.賃貸契約諸費用	1,800	1,800
2.賃料支払額(共益費・駐車場含)	36,000	60,000
3.契約更新時諸費用	2,600	4,600
合計(B)	**40,400**	**66,400**

30年の場合

購入総額 **4538万1000円** ＞ 賃貸総額 **4040万円**

約498万円トク

50年の場合

購入総額 **5748万8000円** ＜ 賃貸総額 **6640万円**

約891万円トク

4,000万円のマンション購入と賃料月10万円で比較すると
30年間では賃貸の方が約498万円得をし、
50年間では購入の方が約891万円得をする

購入と賃貸どちらが得か？　購入タイプ、金利、将来価格別シミュレーション

よりリアルな数字を出すための注意項目

①リフォーム工事が必要と思われる場合……リフォーム費の予想額を最初から物件購入価格に含む

戸建て購入で居住期間を50年の長期で考慮する場合や、中古住宅を購入するなどして、将来、フル・リフォーム工事が必要と思える場合には、リフォームにかかるおおよその工事費を加算して、購入物件価格を参照してください。戸建て2階建ての場合の**大規模な「フル・リフォーム」といえる工事費用はおよそ1000〜1500万円が一つの目安金額となります。**

細かい注意事項ですが、フル・リフォーム工事費を購入物件価格にそのまま加算す

るということは、計算上、住宅ローンと同じ条件でリフォーム費用の借入をすることになり、リフォーム・ローンの金利や返済期間とは異なるかもしれません。

しかし、ここではあくまで将来リフォームにかかる大まかな金額によって判断の目安を探ることが目的ですので、住宅ローンの借入の一部としてリフォーム工事費を考慮することに大きな支障はないものと考えます。

②賃貸物件の家賃額……居住期間における「平均賃料」で参照する

シミュレーション表（72～83ページ）の左側にある賃貸物件の家賃額について、30年間ないし50年間同じ賃貸住宅に住まい続けることは考えにくいので、他の賃貸住宅への引っ越しを2回（初回と合わせると都合3回）するものとして想定をしています。

この場合に、特に子供を持つファミリー世帯では、子供の成長とともに間取りの広い住宅に引っ越し、子供が独立した後には夫婦二人暮らしに見合う間取りに再び引っ越しをし直すことが考えられます。従って、間取りの変更とともに支払う賃料額も変わるものとして、30年間ないし50年間で住まう賃料等（共益費や駐車場料を含むものとして）の平均額を計算し、その欄を参照してください。

2-7 「戸建て」購入比較シミュレーション（居住期間30年）

購入条件 頭金割合10%、ローン金利1.5%（全期間固定）

将来価格 30年経過時▲50%下落想定

※車を所有する場合には賃料額に駐車場料を加算します

戸建て購入物件価格（消費税込みの金額、購入諸費用は含まず）

賃貸物件の家賃額（共益費・駐車場料）	2,000万円	2,500万円	3,000万円	3,500万円	4,000万円	4,500万円	5,000万円	5,500万円	6,000万円
4.5万円	賃貸派	賃貸派	賃貸派	賃貸派	賃貸派	賃貸派	賃貸派	賃貸派	賃貸派
5.0万円	購入派	賃貸派	賃貸派	賃貸派	賃貸派	賃貸派	賃貸派	賃貸派	賃貸派
5.5万円	購入派	賃貸派	賃貸派	賃貸派	賃貸派	賃貸派	賃貸派	賃貸派	賃貸派
6.0万円	購入派	賃貸派	賃貸派	賃貸派	賃貸派	賃貸派	賃貸派	賃貸派	賃貸派
6.5万円	購入派	購入派	賃貸派	賃貸派	賃貸派	賃貸派	賃貸派	賃貸派	賃貸派
7.0万円	購入派	購入派	賃貸派	賃貸派	賃貸派	賃貸派	賃貸派	賃貸派	賃貸派
7.5万円	購入派	購入派	賃貸派	賃貸派	賃貸派	賃貸派	賃貸派	賃貸派	賃貸派
8.0万円	購入派	購入派	購入派	賃貸派	賃貸派	賃貸派	賃貸派	賃貸派	賃貸派
8.5万円	購入派	購入派	購入派	賃貸派	賃貸派	賃貸派	賃貸派	賃貸派	賃貸派
9.0万円	購入派	購入派	購入派	購入派	賃貸派	賃貸派	賃貸派	賃貸派	賃貸派
9.5万円	購入派	購入派	購入派	購入派	賃貸派	賃貸派	賃貸派	賃貸派	賃貸派
10.0万円	購入派	購入派	購入派	購入派	賃貸派	賃貸派	賃貸派	賃貸派	賃貸派
10.5万円	購入派	購入派	購入派	購入派	購入派	賃貸派	賃貸派	賃貸派	賃貸派
11.0万円	購入派	購入派	購入派	購入派	購入派	賃貸派	賃貸派	賃貸派	賃貸派
11.5万円	購入派	購入派	購入派	購入派	購入派	賃貸派	賃貸派	賃貸派	賃貸派
12.0万円	購入派	購入派	購入派	購入派	購入派	購入派	賃貸派	賃貸派	賃貸派
12.5万円	購入派	購入派	購入派	購入派	購入派	購入派	賃貸派	賃貸派	賃貸派
13.0万円	購入派	購入派	購入派	購入派	購入派	購入派	購入派	賃貸派	賃貸派
13.5万円	購入派	購入派	購入派	購入派	購入派	購入派	購入派	賃貸派	賃貸派
14.0万円	購入派	購入派	購入派	購入派	購入派	購入派	購入派	賃貸派	賃貸派
14.5万円	購入派	購入派	購入派	購入派	購入派	購入派	購入派	購入派	賃貸派
15.0万円	購入派	購入派	購入派	購入派	購入派	購入派	購入派	購入派	賃貸派
15.5万円	購入派	購入派	購入派	購入派	購入派	購入派	購入派	購入派	賃貸派
16.0万円	購入派	購入派	購入派	購入派	購入派	購入派	購入派	購入派	購入派
16.5万円	購入派	購入派	購入派	購入派	購入派	購入派	購入派	購入派	購入派
17.0万円	購入派	購入派	購入派	購入派	購入派	購入派	購入派	購入派	購入派
17.5万円	購入派	購入派	購入派	購入派	購入派	購入派	購入派	購入派	購入派
18.0万円	購入派	購入派	購入派	購入派	購入派	購入派	購入派	購入派	購入派
18.5万円	購入派	購入派	購入派	購入派	購入派	購入派	購入派	購入派	購入派
19.0万円	購入派	購入派	購入派	購入派	購入派	購入派	購入派	購入派	購入派
19.5万円	購入派	購入派	購入派	購入派	購入派	購入派	購入派	購入派	購入派
20.0万円	購入派	購入派	購入派	購入派	購入派	購入派	購入派	購入派	購入派

2-8 「戸建て」購入比較シミュレーション（居住期間50年）

購入条件 頭金割合10%、ローン金利1.5%（全期間固定）

将来価格 50年経過時▲60%下落想定

※車を所有する場合には賃料額に駐車場料を加算します

戸建て購入物件価格（消費税込みの金額、購入諸費用は含まず）

賃貸物件の家賃額（共益費・駐車場料）

	2,000万円	2,500万円	3,000万円	3,500万円	4,000万円	4,500万円	5,000万円	5,500万円	6,000万円
4.5万円	購入派	賃貸派	賃貸派	賃貸派	賃貸派	賃貸派	賃貸派	賃貸派	賃貸派
5.0万円	購入派	購入派	賃貸派	賃貸派	賃貸派	賃貸派	賃貸派	賃貸派	賃貸派
5.5万円	購入派	購入派	賃貸派	賃貸派	賃貸派	賃貸派	賃貸派	賃貸派	賃貸派
6.0万円	購入派	購入派	購入派	賃貸派	賃貸派	賃貸派	賃貸派	賃貸派	賃貸派
6.5万円	購入派	購入派	購入派	賃貸派	賃貸派	賃貸派	賃貸派	賃貸派	賃貸派
7.0万円	購入派	購入派	購入派	購入派	賃貸派	賃貸派	賃貸派	賃貸派	賃貸派
7.5万円	購入派	購入派	購入派	購入派	賃貸派	賃貸派	賃貸派	賃貸派	賃貸派
8.0万円	購入派	購入派	購入派	購入派	購入派	賃貸派	賃貸派	賃貸派	賃貸派
8.5万円	購入派	購入派	購入派	購入派	購入派	賃貸派	賃貸派	賃貸派	賃貸派
9.0万円	購入派	購入派	購入派	購入派	購入派	購入派	賃貸派	賃貸派	賃貸派
9.5万円	購入派	購入派	購入派	購入派	購入派	購入派	賃貸派	賃貸派	賃貸派
10.0万円	購入派	購入派	購入派	購入派	購入派	購入派	購入派	賃貸派	賃貸派
10.5万円	購入派	購入派	購入派	購入派	購入派	購入派	購入派	賃貸派	賃貸派
11.0万円	購入派	購入派	購入派	購入派	購入派	購入派	購入派	購入派	賃貸派
11.5万円	購入派	購入派	購入派	購入派	購入派	購入派	購入派	購入派	賃貸派
12.0万円	購入派	購入派	購入派	購入派	購入派	購入派	購入派	購入派	購入派
12.5万円	購入派	購入派	購入派	購入派	購入派	購入派	購入派	購入派	購入派
13.0万円	購入派	購入派	購入派	購入派	購入派	購入派	購入派	購入派	購入派
13.5万円	購入派	購入派	購入派	購入派	購入派	購入派	購入派	購入派	購入派
14.0万円	購入派	購入派	購入派	購入派	購入派	購入派	購入派	購入派	購入派
14.5万円	購入派	購入派	購入派	購入派	購入派	購入派	購入派	購入派	購入派
15.0万円	購入派	購入派	購入派	購入派	購入派	購入派	購入派	購入派	購入派
15.5万円	購入派	購入派	購入派	購入派	購入派	購入派	購入派	購入派	購入派
16.0万円	購入派	購入派	購入派	購入派	購入派	購入派	購入派	購入派	購入派
16.5万円	購入派	購入派	購入派	購入派	購入派	購入派	購入派	購入派	購入派
17.0万円	購入派	購入派	購入派	購入派	購入派	購入派	購入派	購入派	購入派
17.5万円	購入派	購入派	購入派	購入派	購入派	購入派	購入派	購入派	購入派
18.0万円	購入派	購入派	購入派	購入派	購入派	購入派	購入派	購入派	購入派
18.5万円	購入派	購入派	購入派	購入派	購入派	購入派	購入派	購入派	購入派
19.0万円	購入派	購入派	購入派	購入派	購入派	購入派	購入派	購入派	購入派
19.5万円	購入派	購入派	購入派	購入派	購入派	購入派	購入派	購入派	購入派
20.0万円	購入派	購入派	購入派	購入派	購入派	購入派	購入派	購入派	購入派

2-9 「マンション」購入比較シミュレーション（居住期間30年）

購入条件 頭金割合10%、ローン金利1.5%（全期間固定）

将来価格 30年経過時▲50%下落想定

※車を所有する場合にも、駐車場料は考慮不要です

マンション購入物件価格（消費税込みの金額、購入諸費用は含まず）

賃貸物件の家賃額（共益費含む）

	2,000万円	2,500万円	3,000万円	3,500万円	4,000万円	4,500万円	5,000万円	5,500万円	6,000万円
4.5万円	賃貸派	賃貸派	賃貸派	賃貸派	賃貸派	賃貸派	賃貸派	賃貸派	賃貸派
5.0万円	賃貸派	賃貸派	賃貸派	賃貸派	賃貸派	賃貸派	賃貸派	賃貸派	賃貸派
5.5万円	購入派	賃貸派	賃貸派	賃貸派	賃貸派	賃貸派	賃貸派	賃貸派	賃貸派
6.0万円	購入派	賃貸派	賃貸派	賃貸派	賃貸派	賃貸派	賃貸派	賃貸派	賃貸派
6.5万円	購入派	賃貸派	賃貸派	賃貸派	賃貸派	賃貸派	賃貸派	賃貸派	賃貸派
7.0万円	購入派	購入派	賃貸派	賃貸派	賃貸派	賃貸派	賃貸派	賃貸派	賃貸派
7.5万円	購入派	購入派	賃貸派	賃貸派	賃貸派	賃貸派	賃貸派	賃貸派	賃貸派
8.0万円	購入派	購入派	賃貸派	賃貸派	賃貸派	賃貸派	賃貸派	賃貸派	賃貸派
8.5万円	購入派	購入派	購入派	賃貸派	賃貸派	賃貸派	賃貸派	賃貸派	賃貸派
9.0万円	購入派	購入派	購入派	賃貸派	賃貸派	賃貸派	賃貸派	賃貸派	賃貸派
9.5万円	購入派	購入派	購入派	賃貸派	賃貸派	賃貸派	賃貸派	賃貸派	賃貸派
10.0万円	購入派	購入派	購入派	購入派	賃貸派	賃貸派	賃貸派	賃貸派	賃貸派
10.5万円	購入派	購入派	購入派	購入派	賃貸派	賃貸派	賃貸派	賃貸派	賃貸派
11.0万円	購入派	購入派	購入派	購入派	賃貸派	賃貸派	賃貸派	賃貸派	賃貸派
11.5万円	購入派	購入派	購入派	購入派	購入派	賃貸派	賃貸派	賃貸派	賃貸派
12.0万円	購入派	購入派	購入派	購入派	購入派	賃貸派	賃貸派	賃貸派	賃貸派
12.5万円	購入派	購入派	購入派	購入派	購入派	購入派	賃貸派	賃貸派	賃貸派
13.0万円	購入派	購入派	購入派	購入派	購入派	購入派	賃貸派	賃貸派	賃貸派
13.5万円	購入派	購入派	購入派	購入派	購入派	購入派	賃貸派	賃貸派	賃貸派
14.0万円	購入派	購入派	購入派	購入派	購入派	購入派	購入派	賃貸派	賃貸派
14.5万円	購入派	購入派	購入派	購入派	購入派	購入派	購入派	賃貸派	賃貸派
15.0万円	購入派	購入派	購入派	購入派	購入派	購入派	購入派	賃貸派	賃貸派
15.5万円	購入派	購入派	購入派	購入派	購入派	購入派	購入派	購入派	賃貸派
16.0万円	購入派	購入派	購入派	購入派	購入派	購入派	購入派	購入派	賃貸派
16.5万円	購入派	購入派	購入派	購入派	購入派	購入派	購入派	購入派	賃貸派
17.0万円	購入派	購入派	購入派	購入派	購入派	購入派	購入派	購入派	購入派
17.5万円	購入派	購入派	購入派	購入派	購入派	購入派	購入派	購入派	購入派
18.0万円	購入派	購入派	購入派	購入派	購入派	購入派	購入派	購入派	購入派
18.5万円	購入派	購入派	購入派	購入派	購入派	購入派	購入派	購入派	購入派
19.0万円	購入派	購入派	購入派	購入派	購入派	購入派	購入派	購入派	購入派
19.5万円	購入派	購入派	購入派	購入派	購入派	購入派	購入派	購入派	購入派
20.0万円	購入派	購入派	購入派	購入派	購入派	購入派	購入派	購入派	購入派

「マンション」編　〈居住年数比較〉

2-10 「マンション」購入比較シミュレーション（居住期間50年）

購入条件　頭金割合10%、ローン金利1.5%（全期間固定）

将来価格　50年経過時▲60%下落想定

※車を所有する場合にも、駐車場料は考慮不要です

マンション購入物件価格（消費税込みの金額、購入諸費用は含まず）

賃貸物件の家賃額（共益費含む）

	2,000万円	2,500万円	3,000万円	3,500万円	4,000万円	4,500万円	5,000万円	5,500万円	6,000万円
4.5万円	購入派	賃貸派	賃貸派	賃貸派	賃貸派	賃貸派	賃貸派	賃貸派	賃貸派
5.0万円	購入派	賃貸派	賃貸派	賃貸派	賃貸派	賃貸派	賃貸派	賃貸派	賃貸派
5.5万円	購入派	購入派	賃貸派	賃貸派	賃貸派	賃貸派	賃貸派	賃貸派	賃貸派
6.0万円	購入派	購入派	賃貸派	賃貸派	賃貸派	賃貸派	賃貸派	賃貸派	賃貸派
6.5万円	購入派	購入派	購入派	賃貸派	賃貸派	賃貸派	賃貸派	賃貸派	賃貸派
7.0万円	購入派	購入派	購入派	賃貸派	賃貸派	賃貸派	賃貸派	賃貸派	賃貸派
7.5万円	購入派	購入派	購入派	購入派	賃貸派	賃貸派	賃貸派	賃貸派	賃貸派
8.0万円	購入派	購入派	購入派	購入派	賃貸派	賃貸派	賃貸派	賃貸派	賃貸派
8.5万円	購入派	購入派	購入派	購入派	賃貸派	賃貸派	賃貸派	賃貸派	賃貸派
9.0万円	購入派	購入派	購入派	購入派	購入派	賃貸派	賃貸派	賃貸派	賃貸派
9.5万円	購入派	購入派	購入派	購入派	購入派	賃貸派	賃貸派	賃貸派	賃貸派
10.0万円	購入派	購入派	購入派	購入派	購入派	購入派	賃貸派	賃貸派	賃貸派
10.5万円	購入派	購入派	購入派	購入派	購入派	購入派	賃貸派	賃貸派	賃貸派
11.0万円	購入派	購入派	購入派	購入派	購入派	購入派	購入派	賃貸派	賃貸派
11.5万円	購入派	購入派	購入派	購入派	購入派	購入派	購入派	賃貸派	賃貸派
12.0万円	購入派	購入派	購入派	購入派	購入派	購入派	購入派	購入派	賃貸派
12.5万円	購入派	購入派	購入派	購入派	購入派	購入派	購入派	購入派	賃貸派
13.0万円	購入派	購入派	購入派	購入派	購入派	購入派	購入派	購入派	購入派
13.5万円	購入派	購入派	購入派	購入派	購入派	購入派	購入派	購入派	購入派
14.0万円	購入派	購入派	購入派	購入派	購入派	購入派	購入派	購入派	購入派
14.5万円	購入派	購入派	購入派	購入派	購入派	購入派	購入派	購入派	購入派
15.0万円	購入派	購入派	購入派	購入派	購入派	購入派	購入派	購入派	購入派
15.5万円	購入派	購入派	購入派	購入派	購入派	購入派	購入派	購入派	購入派
16.0万円	購入派	購入派	購入派	購入派	購入派	購入派	購入派	購入派	購入派
16.5万円	購入派	購入派	購入派	購入派	購入派	購入派	購入派	購入派	購入派
17.0万円	購入派	購入派	購入派	購入派	購入派	購入派	購入派	購入派	購入派
17.5万円	購入派	購入派	購入派	購入派	購入派	購入派	購入派	購入派	購入派
18.0万円	購入派	購入派	購入派	購入派	購入派	購入派	購入派	購入派	購入派
18.5万円	購入派	購入派	購入派	購入派	購入派	購入派	購入派	購入派	購入派
19.0万円	購入派	購入派	購入派	購入派	購入派	購入派	購入派	購入派	購入派
19.5万円	購入派	購入派	購入派	購入派	購入派	購入派	購入派	購入派	購入派
20.0万円	購入派	購入派	購入派	購入派	購入派	購入派	購入派	購入派	購入派

2-11 「戸建て」購入比較シミュレーション（居住期間30年）

購入条件 頭金割合10%、**ローン金利1.5%（全期間固定）**

将来価格 30年経過時▲50%下落想定

※車を所有する場合には賃料額に駐車場料を加算します

戸建て購入物件価格（消費税込みの金額、購入諸費用は含まず）

賃貸物件の家賃額（共益費・駐車場料）	2,000万円	2,500万円	3,000万円	3,500万円	4,000万円	4,500万円	5,000万円	5,500万円	6,000万円
4.5万円	賃貸派	賃貸派	賃貸派	賃貸派	賃貸派	賃貸派	賃貸派	賃貸派	賃貸派
5.0万円	購入派	賃貸派	賃貸派	賃貸派	賃貸派	賃貸派	賃貸派	賃貸派	賃貸派
5.5万円	購入派	賃貸派	賃貸派	賃貸派	賃貸派	賃貸派	賃貸派	賃貸派	賃貸派
6.0万円	購入派	賃貸派	賃貸派	賃貸派	賃貸派	賃貸派	賃貸派	賃貸派	賃貸派
6.5万円	購入派	購入派	賃貸派	賃貸派	賃貸派	賃貸派	賃貸派	賃貸派	賃貸派
7.0万円	購入派	購入派	賃貸派	賃貸派	賃貸派	賃貸派	賃貸派	賃貸派	賃貸派
7.5万円	購入派	購入派	賃貸派	賃貸派	賃貸派	賃貸派	賃貸派	賃貸派	賃貸派
8.0万円	購入派	購入派	購入派	賃貸派	賃貸派	賃貸派	賃貸派	賃貸派	賃貸派
8.5万円	購入派	購入派	購入派	賃貸派	賃貸派	賃貸派	賃貸派	賃貸派	賃貸派
9.0万円	購入派	購入派	購入派	購入派	賃貸派	賃貸派	賃貸派	賃貸派	賃貸派
9.5万円	購入派	購入派	購入派	購入派	賃貸派	賃貸派	賃貸派	賃貸派	賃貸派
10.0万円	購入派	購入派	購入派	購入派	賃貸派	賃貸派	賃貸派	賃貸派	賃貸派
10.5万円	購入派	購入派	購入派	購入派	購入派	賃貸派	賃貸派	賃貸派	賃貸派
11.0万円	購入派	購入派	購入派	購入派	購入派	賃貸派	賃貸派	賃貸派	賃貸派
11.5万円	購入派	購入派	購入派	購入派	購入派	賃貸派	賃貸派	賃貸派	賃貸派
12.0万円	購入派	購入派	購入派	購入派	購入派	購入派	賃貸派	賃貸派	賃貸派
12.5万円	購入派	購入派	購入派	購入派	購入派	購入派	賃貸派	賃貸派	賃貸派
13.0万円	購入派	購入派	購入派	購入派	購入派	購入派	購入派	賃貸派	賃貸派
13.5万円	購入派	購入派	購入派	購入派	購入派	購入派	購入派	賃貸派	賃貸派
14.0万円	購入派	購入派	購入派	購入派	購入派	購入派	購入派	賃貸派	賃貸派
14.5万円	購入派	購入派	購入派	購入派	購入派	購入派	購入派	購入派	賃貸派
15.0万円	購入派	購入派	購入派	購入派	購入派	購入派	購入派	購入派	賃貸派
15.5万円	購入派	購入派	購入派	購入派	購入派	購入派	購入派	購入派	賃貸派
16.0万円	購入派	購入派	購入派	購入派	購入派	購入派	購入派	購入派	購入派
16.5万円	購入派	購入派	購入派	購入派	購入派	購入派	購入派	購入派	購入派
17.0万円	購入派	購入派	購入派	購入派	購入派	購入派	購入派	購入派	購入派
17.5万円	購入派	購入派	購入派	購入派	購入派	購入派	購入派	購入派	購入派
18.0万円	購入派	購入派	購入派	購入派	購入派	購入派	購入派	購入派	購入派
18.5万円	購入派	購入派	購入派	購入派	購入派	購入派	購入派	購入派	購入派
19.0万円	購入派	購入派	購入派	購入派	購入派	購入派	購入派	購入派	購入派
19.5万円	購入派	購入派	購入派	購入派	購入派	購入派	購入派	購入派	購入派
20.0万円	購入派	購入派	購入派	購入派	購入派	購入派	購入派	購入派	購入派

2-12 「戸建て」購入比較シミュレーション（居住期間30年）

購入条件 頭金割合10%、**ローン金利3.0%（全期間固定）**

将来価格 30年経過時▲50%下落想定

※車を所有する場合には賃料額に駐車場料を加算します

戸建て購入物件価格（消費税込みの金額、購入諸費用は含まず）

賃貸物件の家賃額（共益費・駐車場料）

	2,000万円	2,500万円	3,000万円	3,500万円	4,000万円	4,500万円	5,000万円	5,500万円	6,000万円
4.5万円	賃貸派	賃貸派	賃貸派	賃貸派	賃貸派	賃貸派	賃貸派	賃貸派	賃貸派
5.0万円	賃貸派	賃貸派	賃貸派	賃貸派	賃貸派	賃貸派	賃貸派	賃貸派	賃貸派
5.5万円	賃貸派	賃貸派	賃貸派	賃貸派	賃貸派	賃貸派	賃貸派	賃貸派	賃貸派
6.0万円	賃貸派	賃貸派	賃貸派	賃貸派	賃貸派	賃貸派	賃貸派	賃貸派	賃貸派
6.5万円	購入派	賃貸派	賃貸派	賃貸派	賃貸派	賃貸派	賃貸派	賃貸派	賃貸派
7.0万円	購入派	賃貸派	賃貸派	賃貸派	賃貸派	賃貸派	賃貸派	賃貸派	賃貸派
7.5万円	購入派	賃貸派	賃貸派	賃貸派	賃貸派	賃貸派	賃貸派	賃貸派	賃貸派
8.0万円	購入派	購入派	賃貸派	賃貸派	賃貸派	賃貸派	賃貸派	賃貸派	賃貸派
8.5万円	購入派	購入派	賃貸派	賃貸派	賃貸派	賃貸派	賃貸派	賃貸派	賃貸派
9.0万円	購入派	購入派	賃貸派	賃貸派	賃貸派	賃貸派	賃貸派	賃貸派	賃貸派
9.5万円	購入派	購入派	購入派	賃貸派	賃貸派	賃貸派	賃貸派	賃貸派	賃貸派
10.0万円	購入派	購入派	購入派	賃貸派	賃貸派	賃貸派	賃貸派	賃貸派	賃貸派
10.5万円	購入派	購入派	購入派	賃貸派	賃貸派	賃貸派	賃貸派	賃貸派	賃貸派
11.0万円	購入派	購入派	購入派	賃貸派	賃貸派	賃貸派	賃貸派	賃貸派	賃貸派
11.5万円	購入派	購入派	購入派	購入派	賃貸派	賃貸派	賃貸派	賃貸派	賃貸派
12.0万円	購入派	購入派	購入派	購入派	賃貸派	賃貸派	賃貸派	賃貸派	賃貸派
12.5万円	購入派	購入派	購入派	購入派	賃貸派	賃貸派	賃貸派	賃貸派	賃貸派
13.0万円	購入派	購入派	購入派	購入派	購入派	賃貸派	賃貸派	賃貸派	賃貸派
13.5万円	購入派	購入派	購入派	購入派	購入派	賃貸派	賃貸派	賃貸派	賃貸派
14.0万円	購入派	購入派	購入派	購入派	購入派	賃貸派	賃貸派	賃貸派	賃貸派
14.5万円	購入派	購入派	購入派	購入派	購入派	購入派	賃貸派	賃貸派	賃貸派
15.0万円	購入派	購入派	購入派	購入派	購入派	購入派	賃貸派	賃貸派	賃貸派
15.5万円	購入派	購入派	購入派	購入派	購入派	購入派	賃貸派	賃貸派	賃貸派
16.0万円	購入派	購入派	購入派	購入派	購入派	購入派	賃貸派	賃貸派	賃貸派
16.5万円	購入派	購入派	購入派	購入派	購入派	購入派	購入派	賃貸派	賃貸派
17.0万円	購入派	購入派	購入派	購入派	購入派	購入派	購入派	賃貸派	賃貸派
17.5万円	購入派	購入派	購入派	購入派	購入派	購入派	購入派	賃貸派	賃貸派
18.0万円	購入派	購入派	購入派	購入派	購入派	購入派	購入派	購入派	賃貸派
18.5万円	購入派	購入派	購入派	購入派	購入派	購入派	購入派	購入派	賃貸派
19.0万円	購入派	購入派	購入派	購入派	購入派	購入派	購入派	購入派	賃貸派
19.5万円	購入派	購入派	購入派	購入派	購入派	購入派	購入派	購入派	購入派
20.0万円	購入派	購入派	購入派	購入派	購入派	購入派	購入派	購入派	購入派

2-13 「マンション」購入比較シミュレーション（居住期間30年）

購入条件 頭金割合10%、**ローン金利1.5%（全期間固定）**

将来価格 30年経過時▲50%下落想定

※車を所有する場合にも、駐車場料は考慮不要です

マンション購入物件価格（消費税込みの金額、購入諸費用は含まず）

賃貸物件の家賃額（共益費含む）

	2,000万円	2,500万円	3,000万円	3,500万円	4,000万円	4,500万円	5,000万円	5,500万円	6,000万円
4.5万円	賃貸派	賃貸派	賃貸派	賃貸派	賃貸派	賃貸派	賃貸派	賃貸派	賃貸派
5.0万円	賃貸派	賃貸派	賃貸派	賃貸派	賃貸派	賃貸派	賃貸派	賃貸派	賃貸派
5.5万円	購入派	賃貸派	賃貸派	賃貸派	賃貸派	賃貸派	賃貸派	賃貸派	賃貸派
6.0万円	購入派	賃貸派	賃貸派	賃貸派	賃貸派	賃貸派	賃貸派	賃貸派	賃貸派
6.5万円	購入派	賃貸派	賃貸派	賃貸派	賃貸派	賃貸派	賃貸派	賃貸派	賃貸派
7.0万円	購入派	購入派	賃貸派	賃貸派	賃貸派	賃貸派	賃貸派	賃貸派	賃貸派
7.5万円	購入派	購入派	賃貸派	賃貸派	賃貸派	賃貸派	賃貸派	賃貸派	賃貸派
8.0万円	購入派	購入派	賃貸派	賃貸派	賃貸派	賃貸派	賃貸派	賃貸派	賃貸派
8.5万円	購入派	購入派	購入派	賃貸派	賃貸派	賃貸派	賃貸派	賃貸派	賃貸派
9.0万円	購入派	購入派	購入派	賃貸派	賃貸派	賃貸派	賃貸派	賃貸派	賃貸派
9.5万円	購入派	購入派	購入派	賃貸派	賃貸派	賃貸派	賃貸派	賃貸派	賃貸派
10.0万円	購入派	購入派	購入派	購入派	賃貸派	賃貸派	賃貸派	賃貸派	賃貸派
10.5万円	購入派	購入派	購入派	購入派	賃貸派	賃貸派	賃貸派	賃貸派	賃貸派
11.0万円	購入派	購入派	購入派	購入派	賃貸派	賃貸派	賃貸派	賃貸派	賃貸派
11.5万円	購入派	購入派	購入派	購入派	購入派	賃貸派	賃貸派	賃貸派	賃貸派
12.0万円	購入派	購入派	購入派	購入派	購入派	賃貸派	賃貸派	賃貸派	賃貸派
12.5万円	購入派	購入派	購入派	購入派	購入派	購入派	賃貸派	賃貸派	賃貸派
13.0万円	購入派	購入派	購入派	購入派	購入派	購入派	賃貸派	賃貸派	賃貸派
13.5万円	購入派	購入派	購入派	購入派	購入派	購入派	賃貸派	賃貸派	賃貸派
14.0万円	購入派	購入派	購入派	購入派	購入派	購入派	購入派	賃貸派	賃貸派
14.5万円	購入派	購入派	購入派	購入派	購入派	購入派	購入派	賃貸派	賃貸派
15.0万円	購入派	購入派	購入派	購入派	購入派	購入派	購入派	賃貸派	賃貸派
15.5万円	購入派	購入派	購入派	購入派	購入派	購入派	購入派	購入派	賃貸派
16.0万円	購入派	購入派	購入派	購入派	購入派	購入派	購入派	購入派	賃貸派
16.5万円	購入派	購入派	購入派	購入派	購入派	購入派	購入派	購入派	賃貸派
17.0万円	購入派	購入派	購入派	購入派	購入派	購入派	購入派	購入派	購入派
17.5万円	購入派	購入派	購入派	購入派	購入派	購入派	購入派	購入派	購入派
18.0万円	購入派	購入派	購入派	購入派	購入派	購入派	購入派	購入派	購入派
18.5万円	購入派	購入派	購入派	購入派	購入派	購入派	購入派	購入派	購入派
19.0万円	購入派	購入派	購入派	購入派	購入派	購入派	購入派	購入派	購入派
19.5万円	購入派	購入派	購入派	購入派	購入派	購入派	購入派	購入派	購入派
20.0万円	購入派	購入派	購入派	購入派	購入派	購入派	購入派	購入派	購入派

2-14 「マンション」購入比較シミュレーション（居住期間30年）

購入条件 頭金割合10%、**ローン金利3.0%（全期間固定）**

将来価格 30年経過時▲50%下落想定

※車を所有する場合にも、駐車場料は考慮不要です

マンション購入物件価格（消費税込みの金額、購入諸費用は含まず）

賃貸物件の家賃額（共益費含む）

	2,000万円	2,500万円	3,000万円	3,500万円	4,000万円	4,500万円	5,000万円	5,500万円	6,000万円
4.5万円	賃貸派	賃貸派	賃貸派	賃貸派	賃貸派	賃貸派	賃貸派	賃貸派	賃貸派
5.0万円	賃貸派	賃貸派	賃貸派	賃貸派	賃貸派	賃貸派	賃貸派	賃貸派	賃貸派
5.5万円	賃貸派	賃貸派	賃貸派	賃貸派	賃貸派	賃貸派	賃貸派	賃貸派	賃貸派
6.0万円	賃貸派	賃貸派	賃貸派	賃貸派	賃貸派	賃貸派	賃貸派	賃貸派	賃貸派
6.5万円	賃貸派	賃貸派	賃貸派	賃貸派	賃貸派	賃貸派	賃貸派	賃貸派	賃貸派
7.0万円	購入派	賃貸派	賃貸派	賃貸派	賃貸派	賃貸派	賃貸派	賃貸派	賃貸派
7.5万円	購入派	賃貸派	賃貸派	賃貸派	賃貸派	賃貸派	賃貸派	賃貸派	賃貸派
8.0万円	購入派	賃貸派	賃貸派	賃貸派	賃貸派	賃貸派	賃貸派	賃貸派	賃貸派
8.5万円	購入派	購入派	賃貸派	賃貸派	賃貸派	賃貸派	賃貸派	賃貸派	賃貸派
9.0万円	購入派	購入派	賃貸派	賃貸派	賃貸派	賃貸派	賃貸派	賃貸派	賃貸派
9.5万円	購入派	購入派	賃貸派	賃貸派	賃貸派	賃貸派	賃貸派	賃貸派	賃貸派
10.0万円	購入派	購入派	賃貸派	賃貸派	賃貸派	賃貸派	賃貸派	賃貸派	賃貸派
10.5万円	購入派	購入派	購入派	賃貸派	賃貸派	賃貸派	賃貸派	賃貸派	賃貸派
11.0万円	購入派	購入派	購入派	賃貸派	賃貸派	賃貸派	賃貸派	賃貸派	賃貸派
11.5万円	購入派	購入派	購入派	賃貸派	賃貸派	賃貸派	賃貸派	賃貸派	賃貸派
12.0万円	購入派	購入派	購入派	購入派	賃貸派	賃貸派	賃貸派	賃貸派	賃貸派
12.5万円	購入派	購入派	購入派	購入派	賃貸派	賃貸派	賃貸派	賃貸派	賃貸派
13.0万円	購入派	購入派	購入派	購入派	賃貸派	賃貸派	賃貸派	賃貸派	賃貸派
13.5万円	購入派	購入派	購入派	購入派	賃貸派	賃貸派	賃貸派	賃貸派	賃貸派
14.0万円	購入派	購入派	購入派	購入派	購入派	賃貸派	賃貸派	賃貸派	賃貸派
14.5万円	購入派	購入派	購入派	購入派	購入派	賃貸派	賃貸派	賃貸派	賃貸派
15.0万円	購入派	購入派	購入派	購入派	購入派	賃貸派	賃貸派	賃貸派	賃貸派
15.5万円	購入派	購入派	購入派	購入派	購入派	購入派	賃貸派	賃貸派	賃貸派
16.0万円	購入派	購入派	購入派	購入派	購入派	購入派	賃貸派	賃貸派	賃貸派
16.5万円	購入派	購入派	購入派	購入派	購入派	購入派	賃貸派	賃貸派	賃貸派
17.0万円	購入派	購入派	購入派	購入派	購入派	購入派	賃貸派	賃貸派	賃貸派
17.5万円	購入派	購入派	購入派	購入派	購入派	購入派	購入派	賃貸派	賃貸派
18.0万円	購入派	購入派	購入派	購入派	購入派	購入派	購入派	賃貸派	賃貸派
18.5万円	購入派	購入派	購入派	購入派	購入派	購入派	購入派	賃貸派	賃貸派
19.0万円	購入派	購入派	購入派	購入派	購入派	購入派	購入派	購入派	賃貸派
19.5万円	購入派	購入派	購入派	購入派	購入派	購入派	購入派	購入派	賃貸派
20.0万円	購入派	購入派	購入派	購入派	購入派	購入派	購入派	購入派	賃貸派

2-15 「戸建て」購入比較シミュレーション（居住期間30年）

購入条件 頭金割合10%、ローン金利1.5%（全期間固定）

将来価格 **30年経過時▲70%下落想定**

※車を所有する場合には賃料額に駐車場料を加算します

戸建て購入物件価格（消費税込みの金額、購入諸費用は含まず）

賃貸物件の家賃額（共益費・駐車場料）	2,000万円	2,500万円	3,000万円	3,500万円	4,000万円	4,500万円	5,000万円	5,500万円	6,000万円
4.5万円	賃貸派	賃貸派	賃貸派	賃貸派	賃貸派	賃貸派	賃貸派	賃貸派	賃貸派
5.0万円	賃貸派	賃貸派	賃貸派	賃貸派	賃貸派	賃貸派	賃貸派	賃貸派	賃貸派
5.5万円	賃貸派	賃貸派	賃貸派	賃貸派	賃貸派	賃貸派	賃貸派	賃貸派	賃貸派
6.0万円	購入派	賃貸派	賃貸派	賃貸派	賃貸派	賃貸派	賃貸派	賃貸派	賃貸派
6.5万円	購入派	賃貸派	賃貸派	賃貸派	賃貸派	賃貸派	賃貸派	賃貸派	賃貸派
7.0万円	購入派	賃貸派	賃貸派	賃貸派	賃貸派	賃貸派	賃貸派	賃貸派	賃貸派
7.5万円	購入派	賃貸派	賃貸派	賃貸派	賃貸派	賃貸派	賃貸派	賃貸派	賃貸派
8.0万円	購入派	購入派	賃貸派	賃貸派	賃貸派	賃貸派	賃貸派	賃貸派	賃貸派
8.5万円	購入派	購入派	賃貸派	賃貸派	賃貸派	賃貸派	賃貸派	賃貸派	賃貸派
9.0万円	購入派	購入派	賃貸派	賃貸派	賃貸派	賃貸派	賃貸派	賃貸派	賃貸派
9.5万円	購入派	購入派	購入派	賃貸派	賃貸派	賃貸派	賃貸派	賃貸派	賃貸派
10.0万円	購入派	購入派	購入派	賃貸派	賃貸派	賃貸派	賃貸派	賃貸派	賃貸派
10.5万円	購入派	購入派	購入派	賃貸派	賃貸派	賃貸派	賃貸派	賃貸派	賃貸派
11.0万円	購入派	購入派	購入派	購入派	賃貸派	賃貸派	賃貸派	賃貸派	賃貸派
11.5万円	購入派	購入派	購入派	購入派	賃貸派	賃貸派	賃貸派	賃貸派	賃貸派
12.0万円	購入派	購入派	購入派	購入派	賃貸派	賃貸派	賃貸派	賃貸派	賃貸派
12.5万円	購入派	購入派	購入派	購入派	購入派	賃貸派	賃貸派	賃貸派	賃貸派
13.0万円	購入派	購入派	購入派	購入派	購入派	賃貸派	賃貸派	賃貸派	賃貸派
13.5万円	購入派	購入派	購入派	購入派	購入派	賃貸派	賃貸派	賃貸派	賃貸派
14.0万円	購入派	購入派	購入派	購入派	購入派	購入派	賃貸派	賃貸派	賃貸派
14.5万円	購入派	購入派	購入派	購入派	購入派	購入派	賃貸派	賃貸派	賃貸派
15.0万円	購入派	購入派	購入派	購入派	購入派	購入派	賃貸派	賃貸派	賃貸派
15.5万円	購入派	購入派	購入派	購入派	購入派	購入派	購入派	賃貸派	賃貸派
16.0万円	購入派	購入派	購入派	購入派	購入派	購入派	購入派	賃貸派	賃貸派
16.5万円	購入派	購入派	購入派	購入派	購入派	購入派	購入派	賃貸派	賃貸派
17.0万円	購入派	購入派	購入派	購入派	購入派	購入派	購入派	賃貸派	賃貸派
17.5万円	購入派	購入派	購入派	購入派	購入派	購入派	購入派	購入派	賃貸派
18.0万円	購入派	購入派	購入派	購入派	購入派	購入派	購入派	購入派	賃貸派
18.5万円	購入派	購入派	購入派	購入派	購入派	購入派	購入派	購入派	賃貸派
19.0万円	購入派	購入派	購入派	購入派	購入派	購入派	購入派	購入派	購入派
19.5万円	購入派	購入派	購入派	購入派	購入派	購入派	購入派	購入派	購入派
20.0万円	購入派	購入派	購入派	購入派	購入派	購入派	購入派	購入派	購入派

2–16 「戸建て」購入比較シミュレーション（居住期間30年）

購入条件 頭金割合10%、ローン金利1.5%（全期間固定）

将来価格 **30年経過時▲85%下落想定**

※車を所有する場合には賃料額に駐車場料を加算します

戸建て購入物件価格（消費税込みの金額、購入諸費用は含まず）

賃貸物件の家賃額（共益費・駐車場料）

	2,000万円	2,500万円	3,000万円	3,500万円	4,000万円	4,500万円	5,000万円	5,500万円	6,000万円
4.5万円	賃貸派	賃貸派	賃貸派	賃貸派	賃貸派	賃貸派	賃貸派	賃貸派	賃貸派
5.0万円	賃貸派	賃貸派	賃貸派	賃貸派	賃貸派	賃貸派	賃貸派	賃貸派	賃貸派
5.5万円	賃貸派	賃貸派	賃貸派	賃貸派	賃貸派	賃貸派	賃貸派	賃貸派	賃貸派
6.0万円	賃貸派	賃貸派	賃貸派	賃貸派	賃貸派	賃貸派	賃貸派	賃貸派	賃貸派
6.5万円	賃貸派	賃貸派	賃貸派	賃貸派	賃貸派	賃貸派	賃貸派	賃貸派	賃貸派
7.0万円	購入派	賃貸派	賃貸派	賃貸派	賃貸派	賃貸派	賃貸派	賃貸派	賃貸派
7.5万円	購入派	賃貸派	賃貸派	賃貸派	賃貸派	賃貸派	賃貸派	賃貸派	賃貸派
8.0万円	購入派	賃貸派	賃貸派	賃貸派	賃貸派	賃貸派	賃貸派	賃貸派	賃貸派
8.5万円	購入派	購入派	賃貸派	賃貸派	賃貸派	賃貸派	賃貸派	賃貸派	賃貸派
9.0万円	購入派	購入派	賃貸派	賃貸派	賃貸派	賃貸派	賃貸派	賃貸派	賃貸派
9.5万円	購入派	購入派	賃貸派	賃貸派	賃貸派	賃貸派	賃貸派	賃貸派	賃貸派
10.0万円	購入派	購入派	賃貸派	賃貸派	賃貸派	賃貸派	賃貸派	賃貸派	賃貸派
10.5万円	購入派	購入派	購入派	賃貸派	賃貸派	賃貸派	賃貸派	賃貸派	賃貸派
11.0万円	購入派	購入派	購入派	賃貸派	賃貸派	賃貸派	賃貸派	賃貸派	賃貸派
11.5万円	購入派	購入派	購入派	賃貸派	賃貸派	賃貸派	賃貸派	賃貸派	賃貸派
12.0万円	購入派	購入派	購入派	購入派	賃貸派	賃貸派	賃貸派	賃貸派	賃貸派
12.5万円	購入派	購入派	購入派	購入派	賃貸派	賃貸派	賃貸派	賃貸派	賃貸派
13.0万円	購入派	購入派	購入派	購入派	賃貸派	賃貸派	賃貸派	賃貸派	賃貸派
13.5万円	購入派	購入派	購入派	購入派	賃貸派	賃貸派	賃貸派	賃貸派	賃貸派
14.0万円	購入派	購入派	購入派	購入派	購入派	賃貸派	賃貸派	賃貸派	賃貸派
14.5万円	購入派	購入派	購入派	購入派	購入派	賃貸派	賃貸派	賃貸派	賃貸派
15.0万円	購入派	購入派	購入派	購入派	購入派	賃貸派	賃貸派	賃貸派	賃貸派
15.5万円	購入派	購入派	購入派	購入派	購入派	購入派	賃貸派	賃貸派	賃貸派
16.0万円	購入派	購入派	購入派	購入派	購入派	購入派	賃貸派	賃貸派	賃貸派
16.5万円	購入派	購入派	購入派	購入派	購入派	購入派	賃貸派	賃貸派	賃貸派
17.0万円	購入派	購入派	購入派	購入派	購入派	購入派	賃貸派	賃貸派	賃貸派
17.5万円	購入派	購入派	購入派	購入派	購入派	購入派	購入派	賃貸派	賃貸派
18.0万円	購入派	購入派	購入派	購入派	購入派	購入派	購入派	賃貸派	賃貸派
18.5万円	購入派	購入派	購入派	購入派	購入派	購入派	購入派	賃貸派	賃貸派
19.0万円	購入派	購入派	購入派	購入派	購入派	購入派	購入派	賃貸派	賃貸派
19.5万円	購入派	購入派	購入派	購入派	購入派	購入派	購入派	購入派	賃貸派
20.0万円	購入派	購入派	購入派	購入派	購入派	購入派	購入派	購入派	賃貸派

2-17 「マンション」購入比較シミュレーション（居住期間30年）

購入条件 頭金割合10%、ローン金利1.5%（全期間固定）

将来価格 **30年経過時▲70%下落想定**

※車を所有する場合にも、駐車場料は考慮不要です

マンション購入物件価格（消費税込みの金額、購入諸費用は含まず）

賃貸物件の家賃額（共益費含む）

	2,000万円	2,500万円	3,000万円	3,500万円	4,000万円	4,500万円	5,000万円	5,500万円	6,000万円
4.5万円	賃貸派	賃貸派	賃貸派	賃貸派	賃貸派	賃貸派	賃貸派	賃貸派	賃貸派
5.0万円	賃貸派	賃貸派	賃貸派	賃貸派	賃貸派	賃貸派	賃貸派	賃貸派	賃貸派
5.5万円	賃貸派	賃貸派	賃貸派	賃貸派	賃貸派	賃貸派	賃貸派	賃貸派	賃貸派
6.0万円	賃貸派	賃貸派	賃貸派	賃貸派	賃貸派	賃貸派	賃貸派	賃貸派	賃貸派
6.5万円	購入派	賃貸派	賃貸派	賃貸派	賃貸派	賃貸派	賃貸派	賃貸派	賃貸派
7.0万円	購入派	賃貸派	賃貸派	賃貸派	賃貸派	賃貸派	賃貸派	賃貸派	賃貸派
7.5万円	購入派	賃貸派	賃貸派	賃貸派	賃貸派	賃貸派	賃貸派	賃貸派	賃貸派
8.0万円	購入派	賃貸派	賃貸派	賃貸派	賃貸派	賃貸派	賃貸派	賃貸派	賃貸派
8.5万円	購入派	購入派	賃貸派	賃貸派	賃貸派	賃貸派	賃貸派	賃貸派	賃貸派
9.0万円	購入派	購入派	賃貸派	賃貸派	賃貸派	賃貸派	賃貸派	賃貸派	賃貸派
9.5万円	購入派	購入派	賃貸派	賃貸派	賃貸派	賃貸派	賃貸派	賃貸派	賃貸派
10.0万円	購入派	購入派	購入派	賃貸派	賃貸派	賃貸派	賃貸派	賃貸派	賃貸派
10.5万円	購入派	購入派	購入派	賃貸派	賃貸派	賃貸派	賃貸派	賃貸派	賃貸派
11.0万円	購入派	購入派	購入派	賃貸派	賃貸派	賃貸派	賃貸派	賃貸派	賃貸派
11.5万円	購入派	購入派	購入派	購入派	賃貸派	賃貸派	賃貸派	賃貸派	賃貸派
12.0万円	購入派	購入派	購入派	購入派	賃貸派	賃貸派	賃貸派	賃貸派	賃貸派
12.5万円	購入派	購入派	購入派	購入派	賃貸派	賃貸派	賃貸派	賃貸派	賃貸派
13.0万円	購入派	購入派	購入派	購入派	賃貸派	賃貸派	賃貸派	賃貸派	賃貸派
13.5万円	購入派	購入派	購入派	購入派	購入派	賃貸派	賃貸派	賃貸派	賃貸派
14.0万円	購入派	購入派	購入派	購入派	購入派	賃貸派	賃貸派	賃貸派	賃貸派
14.5万円	購入派	購入派	購入派	購入派	購入派	賃貸派	賃貸派	賃貸派	賃貸派
15.0万円	購入派	購入派	購入派	購入派	購入派	購入派	賃貸派	賃貸派	賃貸派
15.5万円	購入派	購入派	購入派	購入派	購入派	購入派	賃貸派	賃貸派	賃貸派
16.0万円	購入派	購入派	購入派	購入派	購入派	購入派	賃貸派	賃貸派	賃貸派
16.5万円	購入派	購入派	購入派	購入派	購入派	購入派	購入派	賃貸派	賃貸派
17.0万円	購入派	購入派	購入派	購入派	購入派	購入派	購入派	賃貸派	賃貸派
17.5万円	購入派	購入派	購入派	購入派	購入派	購入派	購入派	賃貸派	賃貸派
18.0万円	購入派	購入派	購入派	購入派	購入派	購入派	購入派	賃貸派	賃貸派
18.5万円	購入派	購入派	購入派	購入派	購入派	購入派	購入派	購入派	賃貸派
19.0万円	購入派	購入派	購入派	購入派	購入派	購入派	購入派	購入派	賃貸派
19.5万円	購入派	購入派	購入派	購入派	購入派	購入派	購入派	購入派	賃貸派
20.0万円	購入派	購入派	購入派	購入派	購入派	購入派	購入派	購入派	購入派

2−18 「マンション」購入比較シミュレーション（居住期間30年）

購入条件 頭金割合10%、ローン金利1.5%（全期間固定）

将来価格 **30年経過時▲85%下落想定**

※車を所有する場合にも、駐車場料は考慮不要です

マンション購入物件価格（消費税込みの金額、購入諸費用は含まず）

賃貸物件の家賃額（共益費含む）

	2,000万円	2,500万円	3,000万円	3,500万円	4,000万円	4,500万円	5,000万円	5,500万円	6,000万円
4.5万円	賃貸派	賃貸派	賃貸派	賃貸派	賃貸派	賃貸派	賃貸派	賃貸派	賃貸派
5.0万円	賃貸派	賃貸派	賃貸派	賃貸派	賃貸派	賃貸派	賃貸派	賃貸派	賃貸派
5.5万円	賃貸派	賃貸派	賃貸派	賃貸派	賃貸派	賃貸派	賃貸派	賃貸派	賃貸派
6.0万円	賃貸派	賃貸派	賃貸派	賃貸派	賃貸派	賃貸派	賃貸派	賃貸派	賃貸派
6.5万円	賃貸派	賃貸派	賃貸派	賃貸派	賃貸派	賃貸派	賃貸派	賃貸派	賃貸派
7.0万円	賃貸派	賃貸派	賃貸派	賃貸派	賃貸派	賃貸派	賃貸派	賃貸派	賃貸派
7.5万円	購入派	賃貸派	賃貸派	賃貸派	賃貸派	賃貸派	賃貸派	賃貸派	賃貸派
8.0万円	購入派	賃貸派	賃貸派	賃貸派	賃貸派	賃貸派	賃貸派	賃貸派	賃貸派
8.5万円	購入派	賃貸派	賃貸派	賃貸派	賃貸派	賃貸派	賃貸派	賃貸派	賃貸派
9.0万円	購入派	購入派	賃貸派	賃貸派	賃貸派	賃貸派	賃貸派	賃貸派	賃貸派
9.5万円	購入派	購入派	賃貸派	賃貸派	賃貸派	賃貸派	賃貸派	賃貸派	賃貸派
10.0万円	購入派	購入派	賃貸派	賃貸派	賃貸派	賃貸派	賃貸派	賃貸派	賃貸派
10.5万円	購入派	購入派	賃貸派	賃貸派	賃貸派	賃貸派	賃貸派	賃貸派	賃貸派
11.0万円	購入派	購入派	購入派	賃貸派	賃貸派	賃貸派	賃貸派	賃貸派	賃貸派
11.5万円	購入派	購入派	購入派	賃貸派	賃貸派	賃貸派	賃貸派	賃貸派	賃貸派
12.0万円	購入派	購入派	購入派	賃貸派	賃貸派	賃貸派	賃貸派	賃貸派	賃貸派
12.5万円	購入派	購入派	購入派	賃貸派	賃貸派	賃貸派	賃貸派	賃貸派	賃貸派
13.0万円	購入派	購入派	購入派	購入派	賃貸派	賃貸派	賃貸派	賃貸派	賃貸派
13.5万円	購入派	購入派	購入派	購入派	賃貸派	賃貸派	賃貸派	賃貸派	賃貸派
14.0万円	購入派	購入派	購入派	購入派	賃貸派	賃貸派	賃貸派	賃貸派	賃貸派
14.5万円	購入派	購入派	購入派	購入派	賃貸派	賃貸派	賃貸派	賃貸派	賃貸派
15.0万円	購入派	購入派	購入派	購入派	購入派	賃貸派	賃貸派	賃貸派	賃貸派
15.5万円	購入派	購入派	購入派	購入派	購入派	賃貸派	賃貸派	賃貸派	賃貸派
16.0万円	購入派	購入派	購入派	購入派	購入派	賃貸派	賃貸派	賃貸派	賃貸派
16.5万円	購入派	購入派	購入派	購入派	購入派	購入派	賃貸派	賃貸派	賃貸派
17.0万円	購入派	購入派	購入派	購入派	購入派	購入派	賃貸派	賃貸派	賃貸派
17.5万円	購入派	購入派	購入派	購入派	購入派	購入派	賃貸派	賃貸派	賃貸派
18.0万円	購入派	購入派	購入派	購入派	購入派	購入派	賃貸派	賃貸派	賃貸派
18.5万円	購入派	購入派	購入派	購入派	購入派	購入派	購入派	賃貸派	賃貸派
19.0万円	購入派	購入派	購入派	購入派	購入派	購入派	購入派	賃貸派	賃貸派
19.5万円	購入派	購入派	購入派	購入派	購入派	購入派	購入派	賃貸派	賃貸派
20.0万円	購入派	購入派	購入派	購入派	購入派	購入派	購入派	賃貸派	賃貸派

築年数ごとの「ねらい目物件」の考え方

戸建てとマンションの築年数ごとの分類

購入か賃貸か、という質問のほかに、「新築」と「中古」のどちらがお勧めですか？と聞かれることもよくあります。この場合、私は、「住宅の資産性の観点からは、築浅の中古を勧めます」と助言しています。

ただし、新築と中古では法律的な保証責任の差異が生じてきますし、住宅を紹介する不動産業者にあっては、中古物件を紹介したがらないケースも多いものです。詳しくは第5章の不動産業者との賢い付き合い方で解説しますが、この項では、なぜ私が中古を勧めるのか、そして戸建てとマンションの築年数で分類できる「ねらい目物件」の考え方について解説します。

マンションのねらい目物件は、2010年以降販売された築浅中古

分譲マンションは、築年数により左記のように分類できます。なお、修繕工事が一通りされたいわゆるリノベーションマンションについても、築年数の分類の観点からは、ほぼ同様のものと捉えてください。

①新築マンション

新築マンションの購入メリットは、売主直の販売であれば仲介手数料がかからない

2-19 マンションの築年数別ポイント

お勧めは❷と❸！

❶新築マンション	●住んだ時点から1～2割価値が減る可能性 ●「住宅の資産性」を損ないやすい
❷築数年～築10年程度	●修繕積立金が低く抑えられている時期 ●最もねらい目の物件
❸築10年～築25年程度	●修繕積立金が徐々に逓増する時期 ●大規模修繕工事のための一時金に注意
❹築25年程度～新耐震基準以降	●充分な修繕積立金があるかをチェックする ●バブル期のものは値引き交渉が困難な場合も
❺旧耐震基準の中古マンション	●建て替えの必要性が高いマンションは注意 ●建て替えはプロでも困難な大事業

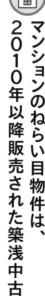

こと、欠陥に対する保証内容が充実（通常10年保証）していること、そして何より、新品のため綺麗であるなどのメリットがあります。

他方で、日本における住宅資産というものは、時を経るごとに価値が下がることが一般的な前提条件としてあります。それゆえ、新築が最も価値が高く、少しでも築年数が浅いものの方が古いものよりも価値が高いものとされます。特に新築として購入した後、住み始めた1年目にして価値は大きく下がるものとみなされます。ですから、ほかの物件よりも資産性は下がりやすいと言えます。

ただし、東京の主要5区（千代田区、中央区、港区、新宿区、渋谷区）や、地方都市の中心街にある高価格帯のマンションでは、中古なのにもかかわらず、新築よりも高い価格で売却されるものもあります。外国人を含めた高所得者層を中心に購入されるためです。

②築数年〜築10年程度の中古マンション

分譲マンションにおいて最もねらい目といえるのが、このグループです。「住宅の資産性」を保つことが可能であり、築年数も浅いため、新築に近い居住性があります。

また、分譲マンションは築年数を経ていないうちは毎月の修繕積立金の額も低く抑えられていることが多いため、毎月の出費においても有利になります。

ただし、2006~2009年前後のミニ・バブルと言われた時期に新築で販売された中古マンションは、売り出し時点で高めの値段設定だったので、現在の売却設定価格もやや高めな傾向があります。

③築10年程度~築25年程度の中古マンション

「②築数年~築10年程度の中古マンション」の次にお勧めしたいグループです。

このグループで注意したい点は、大規模修繕が済んでいるかどうかです。一般的には12年程度を周期としてマンションの大規模修繕工事を行うことが多いため、入居した後で修繕工事を行うための一時金を徴収されることがあります。毎月支払う修繕積立金の見直しがされるのもこの時期になります。このような大規模修繕工事を行う予定があらかじめ決まっている場合には、購入する際の重要事項説明書において説明がされます。

④築25年程度〜新耐震基準以降の中古マンション

新耐震基準の建物というのは1981年6月以降に新築の工事に着工したものを指します。建物の外観や設備関連について劣化が激しくなる時期であり、毎月の修繕工事費が増える場合があります。築浅の時点では修繕費用が低く抑えられているため収集不足であることが多く、修繕積立金の不足分を補うため、さらに割高な修繕積立金を求められる場合もあります。

また、エレベーターの取り換えなども必要な時期と重なるので、そういった一時金として請求される費用も高額になることがあります。それゆえ、マンション全体として積み立てられている修繕積立金の総額が適切な水準であるかを見極める必要もあり、できれば専門家の意見も汲みつつ判断することをお勧めします。

⑤旧耐震基準の中古マンション

1981年以前に建てられた中古マンションの中には、耐震性に問題がありつつも、費用面から耐震工事を行えていないものもあります。そういったマンションはそもそも金融機関等も融資対象外としており、住宅ローンが使えない場合もあります。このようなマンションは建て替えの問題に差し掛かりつつある建物です。そのため、建て替え問題に専門に関わる不動産業者等が現金で購入する場合などもあります。

マンションの建て替えは建築に関わるプロ集団でも困難な問題です。建て替え問題に関わることになれば、終《つい》の棲家として余生を静かに過ごすことが難しくなる可能性もあります。つまり、旧耐震基準のままのマンションで建て替えの時期が近いものは、いくら価格が手ごろだとはいえ、購入するのは避けた方がいいと判断できます。

戸建てのねらい目物件は、2000年以降に建てられたもの

次に、戸建てについてみていきましょう。戸建てもマンション同様に築年数でグループ分けができます。

【戸建て購入における5分類】

①新築戸建て
②築数年～築10年程度の中古戸建て
③築10年程度～2000年以降築の中古戸建て

④２０００年以前築～新耐震基準以降の中古戸建て
⑤耐震基準の中古戸建て

①新築戸建て

新築を購入する場合、マンションにも共通しますが、平成11年に制定された「住宅の品質確保の促進等に関する法律」で、引き渡しから10年間は、欠陥について保証することが定められました。また、保証にまつわる金銭面についても、「特定住宅瑕疵担保責任の履行の確保等に関する法

2-20 戸建ての築年数別ポイント

お勧めは❷と❸！

❶新築戸建て	●住んだ時点から1割～2割価値が減る可能性 ●「住宅の資産性」を損ないやすい
❷築数年～築10年程度	●「住宅の資産性」を棄損しにくい物件 ●最もねらい目の物件
❸築10年～2000年以降築	●2000年に建築基準法の一部改正あり ●②の次にねらい目物件
❹2000年以前築～新耐震基準以降	●新耐震基準においては耐震性は充分とされる ●構造面よりも設備面でコストがかかる場合も
❺旧耐震基準の中古戸建て	●耐震工事に関する見積もりを行う ●耐震工事費用は意外に少額で済むことも

律」により、新築住宅の売主はあらかじめ一定の保険に加入する、または、供託金を積む等の義務を負うこととなりました。これらの法律により、新築住宅の欠陥にまつわる保証面はかなり充実しています。

しかしながら、新築マンションと同様、住み始めた1年目にして一定の価値が下がるものと考えられます。こちらも資産性を考えると、利便性などを重視した物件選びが重要です。

②築数年~築10年程度の中古戸建て

「住宅の資産性」の観点からは、最もねらい目の分類となります。マンションと同じく中古のものは住宅の資産性を損ねにくいので、住宅ローンの負債超過というリスクは低くなることになります。

保証を考えた場合、保証期間は物件が新しく建てられて、引き渡し時から10年間に限られるため、できるだけ築浅であることがお勧めです。

③築10年～2000年以降築の中古戸建て

「②築数年～築10年程度の中古戸建て」の次にねらい目の戸建てですが、建物を建築した不動産業者あるいは建築業者による欠陥に対する保証は10年を超えているため、基本的になされない扱いとなります。

この分類において「2000年以降築」としているのは、2000年（平成12年）に建築基準法の一部改正があったためです。木造の構造耐力性を充実させるべく、地盤調査に関する義務が強化され、木材と木材をつなぐ金具についても規定が強化されました。この法改正により、いわゆる「新耐震基準」とされる建物よりもさらに地震に強い住宅という点で、お勧めの分類といえます。

④2000年以前築～新耐震基準以降の中古戸建て

いわゆる新耐震基準の建物とされるのは、実務的には「1981年（昭和56年）6月1日以降に建築確認申請がされたもの」で扱われています。2000年に建築基準法の一部改正がされる前の基準ではありますが、震度6強から7程度の大きい地震にも充分耐震性がある建物といえます。その点、建物の構造的な問題よりもむしろ、浴室やキッチンなど給排水に関する設備の劣化が激しくなる時期なので、水回り設備の取り換え費用をしっかりと把握すべきです。

また、このような建築年数を経た中古物件では、「戸建て」と「マンション」のどちらがお勧めかというと、私はマンションよりも戸建てをお勧めしています。建て替え時に、居住している世帯が複数になると、いろいろな権利問題が発生しがちだからです。

⑤旧耐震基準の中古戸建て

建物の耐用年数を過ぎているような部類のものも多いですが、一定の修繕工事ならびに耐震補強工事を施すことで、建物を継続して使用できる場合があります。

配慮していただきたいのは、修繕工事の金額がかさむ場合には、住宅投資の効率面からみればむしろ新築の方が得と判断できるケースもあることです。修繕工事費が新築とほぼ変わらない水準に達するようであれば、「住宅の資産性」の観点から、新築を選ぶことも考えられます。ただ、この判断はかなり難しいので、まずは、修繕費用を加算した価格として本章の「購入と賃貸との損得比較シミュレーション」を判断してみることとなります。

エクセルシミュレーションファイルを使ってみよう

本書は、住宅を購入するのと賃貸とではどちらが有利なのか、個別のケースに応じて見きわめることを第一の狙いとしています。そのためにも、自分で数値を設定し、どちらがより有利かを判断する材料にしてください。

第2章で使用したシミュレーションと同じものを下記サイトよりダウンロードできます。

ダウンロードサイトURL：http://www.diamond.co.jp/go/pb/sontoku/
エクセル使用名　：Kanteishi
パスワード　：sontoku2017

各入力項目等の説明や注意点などは、P56～P64「借りた場合と購入する場合の総支出額を比較する」の項を参照してください。

エクセルシミュレーション表の入力項目について

入力項目	入力方法	項目説明
物件種類	選択入力	「戸建て」と「マンション」を選択
購入物件価格	選択入力	1,000万～8,500万円を選択（500万円間隔）※
家賃額	選択入力	4.5万～25.0万円を選択（0.5万円間隔）
ローン利率	直接入力	借入期間において変動がないものとして利率を入力
返済期間	選択入力	15～30年を選択（5年間隔）
頭金割合	選択入力	物件頭金として準備する割合を入力
諸費用割合	自動入力	戸建て：9.0%、マンション：7.0%（直接入力可）
あなたの想定年収	選択入力	300万～800万円（超）を選択
修繕（管理）費積立率	自動入力	戸建て：0.6%、マンション：0.8%（直接入力可）
当初固定資産税相当率	自動入力	戸建て：0.5%、マンション：0.7%（直接入力可）
30年経過時価格下落率	直接入力	左記「価格下落率について」を参照
50年経過時価格下落率	直接入力	左記「価格下落率について」を参照

シミュレーション結果の参照方法

居住期間30年と50年それぞれで、購入と賃貸の総支出額を比較します。30年間、または50年間の総支出額が、購入の方が少なければ「購入派」、賃貸の方が少なければ「賃貸派」という結果になります。購入物件価格と家賃額を個別に設定すれば、より具体的に差額を試算することもできます。

購入物件価格と賃貸の家賃額の考え方は、シミュレーション利用の注意事項（上図）を一読してください。

購入と賃貸との損得比較シミュレーション利用の注意事項

【リフォーム工事が必要と思える場合】
戸建て購入で居住期間５０年で考慮する場合や、中古住宅を購入するなどしてリフォーム工事費が必要と思える場合には、**想定工事費を購入物件価格に加算**（フル・リフォームの場合は例えば1,000万円～1,500万円程度）して参照します

物件価格2,500万＋リフォーム想定額1,000万＝　**3,500万円欄を参照**

購入物件価格

賃貸物件の家賃額（※）	2,000万円	2,500万円	3,000万円	3,500万円	4,000万円
4.5万円	賃貸派	賃貸派	賃貸派	賃貸派	賃貸派
5.0万円	購入派	賃貸派	賃貸派	賃貸派	賃貸派
5.5万円	購入派	賃貸派	賃貸派	賃貸派	賃貸派
6.0万円	購入派	賃貸派	賃貸派	賃貸派	賃貸派
6.5万円	購入派	購入派	賃貸派	賃貸派	賃貸派
7.0万円	購入派	購入派	賃貸派	賃貸派	賃貸派
7.5万円	購入派	[illegible]	[illegible]	賃貸派	賃貸派
8.0万円	購入派	[illegible]	[illegible]	賃貸派	賃貸派
8.5万円	購入派	購入派	購入派	賃貸派	賃貸派
9.0万円	購入派	購入派	購入派	購入派	賃貸派
9.5万円	購入派	購入派	購入派	購入派	賃貸派
10.0万円	購入派	購入派	購入派	購入派	賃貸派
10.5万円	購入派	購入派	購入派	購入派	購入派

SAMPLE

物件価格と家賃ごとに結果を反映

※本書の例は6000万円まで

「購入派」か、「賃貸派」か？　シミュレーション

直接入力項目	
選択入力項目	
自動入力項目	⇒直接入力も可

物件種類	戸建て	ローン利率	1.500%
購入物件価格	4,000万円	返済期間	30年
家賃額	10.0万円	※計算過程の都合上、35年返済は設定できません	

頭金割合	10%
諸費用割合	9.0%
あなたの想定年収（ローン控除）	500万円

修繕（管理）費積立率	0.6%/年
当初固定資産税相当率	0.5%/年
30年経過時価格下落率	50%
50年経過時価格下落率	60%

【価格下落率について】
仮に、4,000万円のものが30年または50年経過後に60%価格下落した場合は1,600万円が将来資産価値となる

※4,000万円×（1－60%）＝1,600万円

【ご留意事項】
シミュレーション結果は演算を繰り返した後に反映されますので、演算が全て完了するまでには時間がかかる場合があります。

単位：千円

【購入の場合の項目】	居住期間30年	居住期間50年
1．物件頭金	4,000	4,000
2．購入諸費用	3,600	3,600
3．ローン控除見込額 ※1	-2,380	-2,380
4．ローン支払い総額 ※2	44,970	44,970
5．修繕メンテナンス費用	7,200	12,000
6．固定資産税	3,993	5,213
7．将来転売価格	-20,000	-16,000
購入した場合の総額　（A）	41,384	51,403
【賃貸の場合の項目】	**居住期間30年**	**居住期間50年**
1．賃貸契約諸費用	1,800	1,800
2．賃料支払額（共益費・駐車場含）	36,000	60,000
3．契約更新時諸費用	2,600	4,600
賃貸した場合の総額　（B）	40,400	66,400

※1 共働きでない場合の見込み額　※2 年毎支払額に基づく金額

賃貸した場合の総額（B）－購入した場合の総額（A）

単位：千円

居住期間30年	居住期間50年
-984	14,997
賃貸派	*購入派*

※

【「賃貸物件の家賃額」の考え方について】
30年または50年の居住期間における通期の「平均賃料」で考える

85,000円で5年居住＋110,000円で10年居住＋70,000円で15年居住の場合、30年平均賃料⇒約85,000円／月欄を参照

【駐車場料について】
- **戸建ての場合　：車を保有する場合は月額駐車場料を家賃加算する**
- **マンションの場合：駐車場料は考慮しなくてよい**

価格下落率について

将来時点の売却価値を設定する項目です。将来転売価格は入力項目のうち最も予測困難な要因であり、購入と賃貸どちらが得かの結論に大きく関わるものです。地域差も大きく、画一的には判断できないことから、本書では住宅価格の下落率を下図の６パターンに分けました。

仮に、４０００万円のものが30年または50年経過後に60％価格下落すると想定した場合は１６００万円が将来資産価値となります。

将来価格の動向予想	価格下落率の設定
ポジティブ（価格上昇）	下落率をマイナス割合で設定
ややポジティブ	下落率0～40%で設定
中庸水準	下落率50～60%で設定
ややネガティブ	下落率70%と設定
ネガティブ（価格廉価）	下落率85%と設定
資産価値ゼロ	下落率100%と設定

第3章

将来、破産しないための資金計画

将来、破産しないための3つのポイント

家を買いたいけれど、ローン破産はなんとしても避けたい、そのために知っておきたい資金計画の3つのポイントを解説します。

また、住宅購入の資金について考えるときには、家計全体の出費を見通すことが欠かせません。ここでは、家計全体のなかで住宅に次いで大きな出費である教育費、車の購入・維持費についても触れています。

住宅ローンの借入を少なくするには、単純な話ですが、頭金が多ければ多いほど望ましいことは明らかです。とはいえ、多くの頭金をすぐに準備できない方々からすれば、少なくともどのくらいの額を準備すればいいのか、最低ラインを見極めたいところでしょう。

一般的には、「頭金は物件価格の2割を準備すべき」と言われますが、私は物件価格

の何割という考え方よりは、**購入する地域の土地価格の下落率からその額を把握した方がよいと考えています。**

つまり、将来売却するときに、売りたい価格よりも、ローン残債の方が少なくならないと売却は難しいからです。地価の下落幅が大きい地域では、頭金2割でも不十分なケースもありますし、あまり地価が下落しない地域であれば頭金が1割程度かそれ未満で購入しても問題ないでしょう。ただし、新築と中古では考え方が異なります。

なお、この章では、住宅の資産性についてグラフを用いて説明をします。グラフの前提条件は左記の通りです。

【「住宅の資産性」分析を行う前提条件】

- 物件価格　3500万円と設定（新築、中古とも）
- 借入利率　1・5%、借入期間30年、元利均等返済方式
- 新築として購入した場合、住んで1年目で15%程度価値が下がるものと設定
- 「価格下落率」は、前年価格に対し1年毎の下落率として設定

住宅ローン破産に陥らないためのポイント

ポイント1
「新築」を購入する場合には、頭金は物件価格の1割以上を準備し、かつ、物件価格の年率下落が▲3%未満の地域を選定すること

第1章で、新築と中古住宅の価値の差が著しいのが日本の住宅市場の特徴であるといいました。では、新築を購入し、住み始めたときにどれほど価値が下がるかといえば、（物件ごとに異なってきますが）物件価格の1～2割程度と考えるのが適当です。

この新築と中古の価値の差異こそが、住宅の資産性を損なう原因、言い換えれば、住宅ローン破産に陥るリスク原因のひとつです。新築を購入する際には、このことを念頭に置いてください。

では、準備すべき頭金の最低ラインはどのくらいでしょうか。

「頭金の割合」と「住宅の資産性」の関連性については、図3－1を参照してください。例えば頭金1割の場合には、価格が毎年▲3%程度と落ち込んでいる地域においても、資産性が大きくは損なわれないことが読み取れます。

3-1 新築住宅の価格下落と「住宅の資産性」

【住宅ローン破産に陥らないためのポイント　その❶】
「新築」を購入する場合には頭金は物件価格の１割以上を準備し、かつ、物件価格の年率下落が▲３％未満の地域を選定すること

●「新築」住宅価格の下落と「住宅の資産性」の関係（頭金１割の場合）

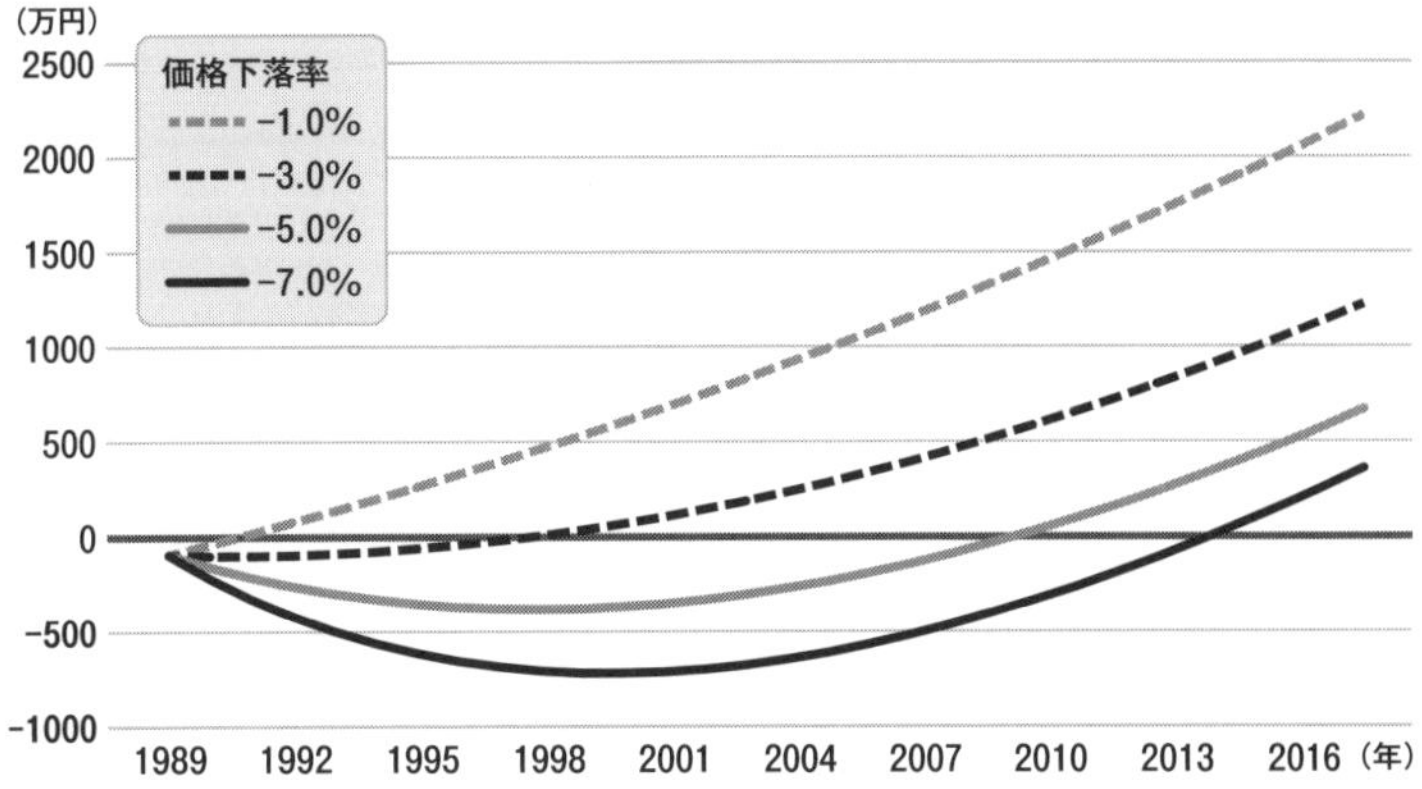

●「新築」住宅価格の下落と「住宅の資産性」の関係（頭金なしの場合）

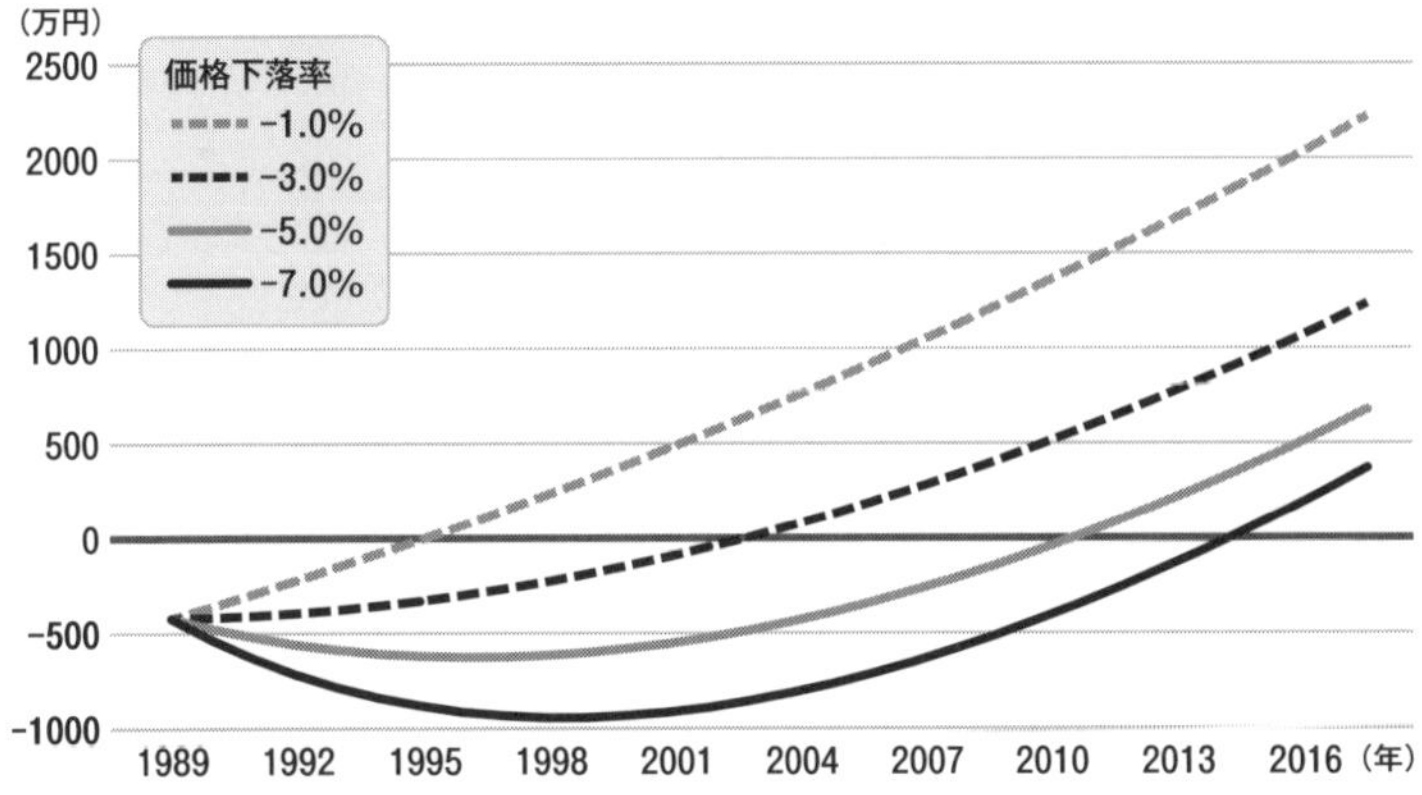

また、グラフを見ると、**頭金なしの場合、価格下落率が▲3%の地域では15年以上を経ないと資産性がプラスの状態になりません。**やはり新築を購入する際には、できれば1割以上の頭金を準備すべきです。地価の下落率は、今までのデータをみて予測するといいでしょう。公益社団法人　東京都不動産鑑定士協会が提供している『東京都の地価google マップ版』は日本全国の地価を調べることができます（詳細は110ページ）。

ポイント2 頭金を2割充てていても、価格下落率が年平均▲5%を超える地域は「住宅の資産性」が大きく損なわれる

「ポイント1」では、新築を購入する際には、頭金を1割以上準備すべきと述べましたが、1割の頭金によって、住宅の資産性が損なわれるリスクが全くなくなるわけではありません。図3－2を見ると、価格下落率が大きく、特に年平均▲5%を超えるような地域では、頭金を2割準備した場合でも資産性が大きく損なわれます。

ここで注目すべきは、価格下落率が大きい地域では、住宅を買った当初よりも約10

3-2 下落率が高いと頭金が2割でも危険!

【住宅ローン破産に陥らないためのポイント　その❷】
頭金を２割充てていても、価格下落率が年平均▲５％を超える地域は「住宅の資産性」が大きく棄損される

●「新築」住宅価格の下落と「住宅の資産性」の関係（頭金2割の場合）

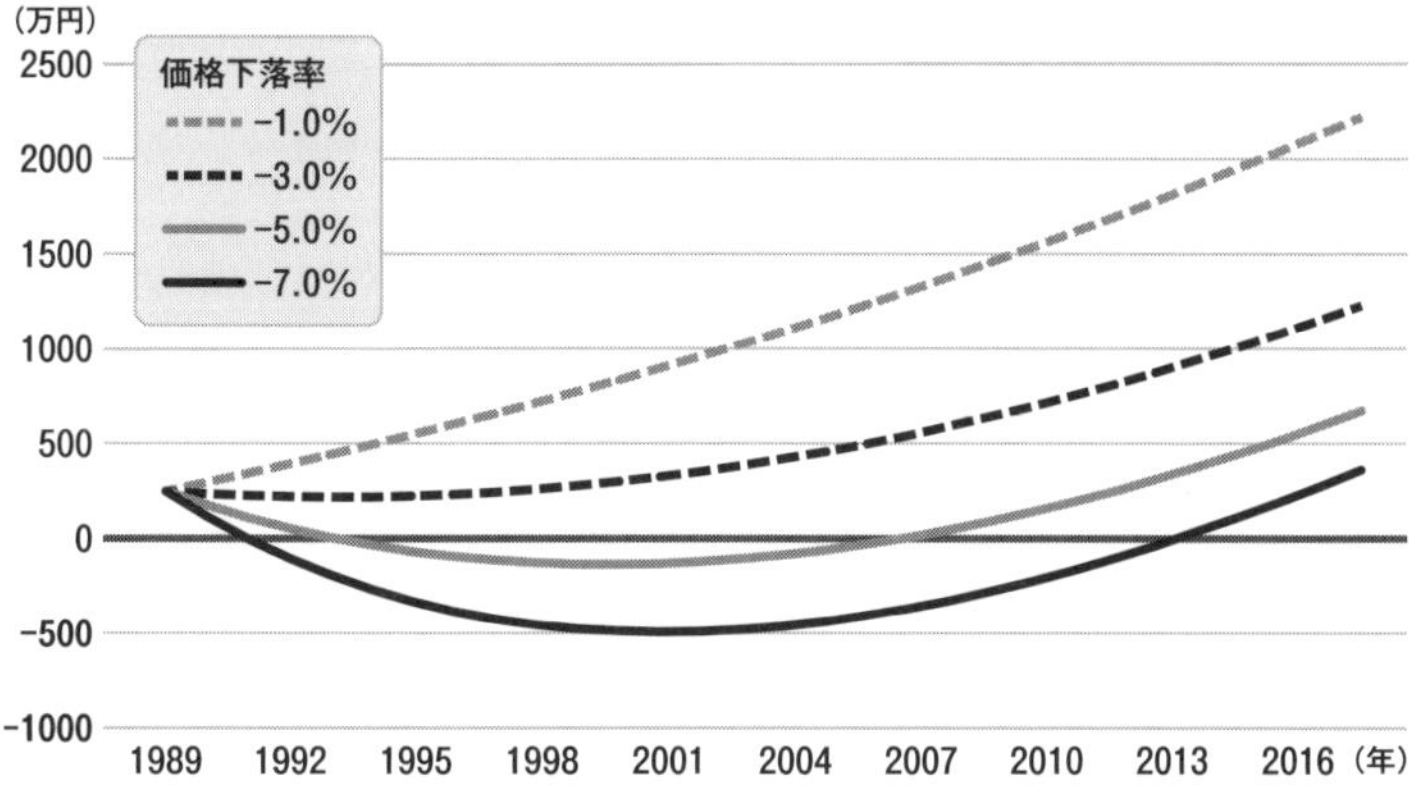

●「中古」住宅価格の下落と「住宅の資産性」の関係（頭金無しの場合）

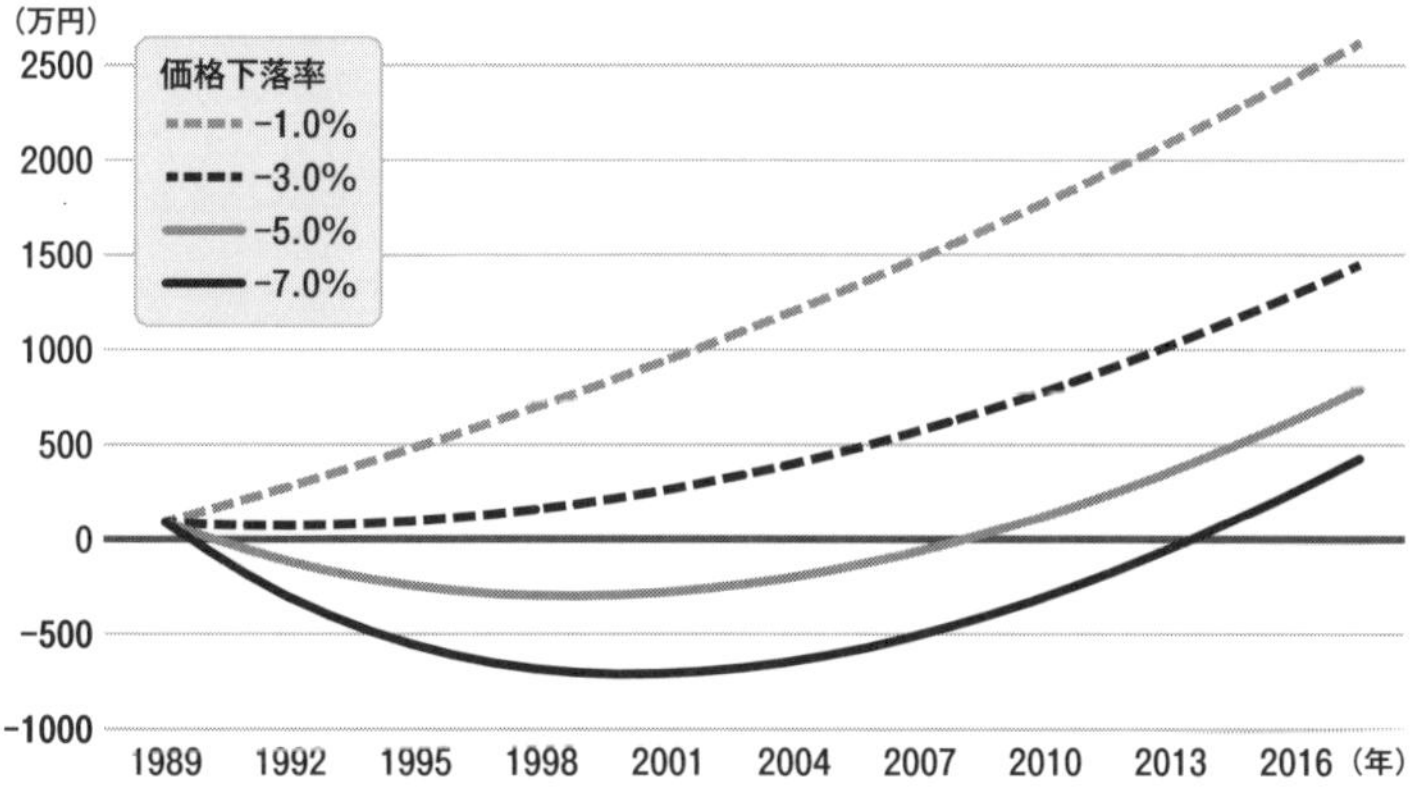

〜13年目に向かって資産性がむしろマイナスの方向に拡大している点であり、このことは非常に重要なポイントです。

住宅を購入してからおよそ10年経過した頃といえば、子供の大学進学、親の介護など、家族のライフステージが大きく変わるタイミングと重なりやすい時期です。まとまったお金が必要になる、あるいは家計の収支を考慮して住宅を売却することになるかもしれません。そんなときに、売却できる値段よりも住宅ローンの残額の方が多くなってしまうと売るに売れず、ついにはローンが支払えなくて自己破産というケースもありえます。

なぜ、住宅は買った当初よりも約10〜13年目に向かって資産性がマイナス方向に拡大していくのでしょうか。これは、通常の住宅ローンというものは「元利均等返済方式」で組んでいるためであり、この方式だと、当初は利息分の返済割合が高いため、もともとの元金があまり減っていないことから生じています（「元利均等返済方式」については、のちほど詳しく解説します）。

他方で、中古住宅の場合には、買った当初から住宅の資産性はほぼ保たれることになります。分かりやすくいえば、買った中古住宅を1か月後に売却したとしても、買った価格とほぼ同様の価格で売却できるからです。これこそが、中古住宅を購入することの一番のメリットといえます(高額なリフォーム費用がかかる場合を除きます)。

ただし、中古住宅といえどもエリアの選択は重要です。地価や不動産価格の下落の著しい地域では、中古住宅であっても資産性を損なう場合があります。仮に頭金なしとした場合、図3－2において価格下落率が大きい地域、特に年平均▲4～5％を超えるようなときには資産性がやはり大きく損なわれています。

以上のような問題をクリアするには、

- **できれば「新築」は避ける**
- **あらかじめ必要充分な頭金(新築の場合は物件価格の10％以上)を積む**
- **地価や不動産価格の下落が激しい地域での住宅購入は避ける**

ということが大切です。

地価や不動産価格の下落が大きい地域の住宅は割安な傾向があるので、どうしても目がいきやすいものです。しかし、「住宅の資産性」の観点からは、地価や不動産価格の推移も考慮してください。

ポイント3 将来、住宅をスムーズに買い替えるには、価格の下落率が年率▲1％を超えない地域で購入し、次の購入のための頭金を充実させる

3つめは、住宅ローン破産に陥らないためというよりも、スムーズな住宅の買い替えに繋げるためにおさえておきたいポイントです。住宅の買い替えもまた、前述の2つのポイントと同様、地価水準や不動産取引価格の下落幅が小さい地域の住宅を選ぶことで有利になります。

目安としては、価格下落率が年平均で▲1～2％程度までに収まっていること、あるいは、多少なりとも価格の上昇が見込まれている地域の住宅を購入するようにします。

ただし、価格下落率が年平均で▲1～2％落ち込んでいる地域から買い替える際の

住宅価格は、一棟目の住宅の半額程度の価格を想定（当初価格を３５００万円と設定）していますので、「ダウン・サイジングの買い替え」となります。子供が独立して一回り小さい住まいを購入するイメージです。

地価水準やマンション価格の変動率を調べる方法

住宅の資産性を考えれば、価格変動率が一定の下落率を超えない地域を選ぶべきだと述べましたが、ここでは具体的な価格変動率の調べ方を説明します。

なお、本書における価格変動率は、不動産価格の対前年比としていますので、戸建てにおける土地価格変動率とは必ずしも一致しませんが、不動産価値の推移を見るためには参考になる指標です。

土地の地価水準の変動推移を調べる方法

まず、インターネットで「東京都の地価」と検索してください。多数の色の斑点が示された日本地図が閲覧できます。あなたが住宅を購入しようとしている地域に日本地図をズームアップし、近い場所の斑点をクリックすると、土地の価格についての詳細データが別ウィンドウで示されます。

このサイトで示される土地の価格は、国土交通省や都道府県が毎年同じ時期に行っている、いわば公式の調査結果です。毎年3月下旬頃になると、「今年最も地価が高かったのは、銀座四丁目にある山野楽器銀座本店……」などと報道されます。

「国土交通省のページへのリンク」と題された表の右側に、過去からの「地価の推移」が示されますので、直近10年程度の価格変動率を平均として計算して見てください。この10年程度の平均変動率が、「価格下落率」の目安となるものです。

なお、土地価格の調査は調査地点が変更される場合もあり、地点によっては「地価

3-3 全国の地価の推移がわかるお勧めサイト

●「東京都の地価Googleマップ版」(社)東京都不動産鑑定士協会

http://tokyokante.b8.coreserver.jp/

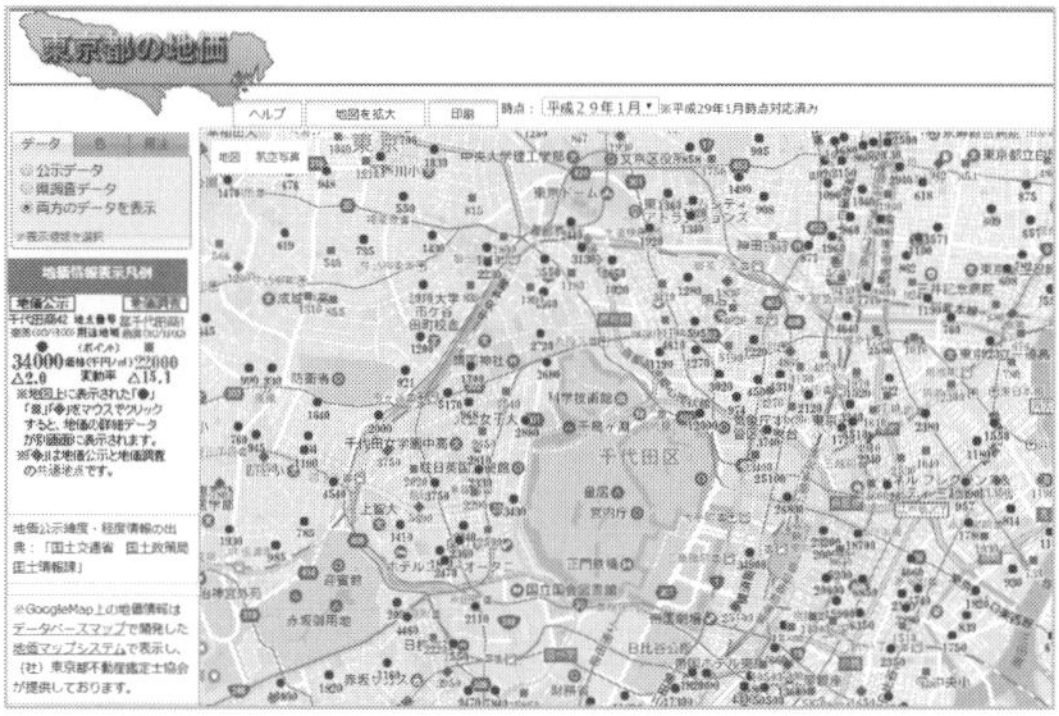

地図を拡大すれば
日本全国の調査地点データを閲覧できる

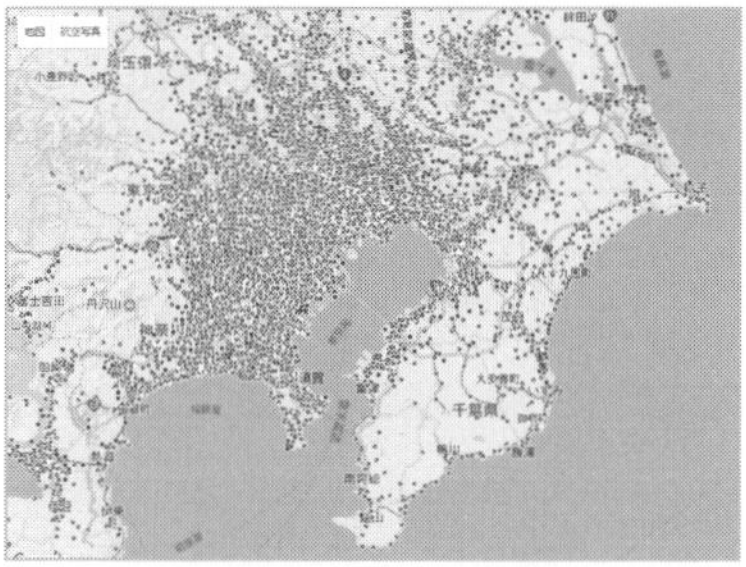

物件に近い箇所の赤または青の点を
クリックすると詳細データが現れる

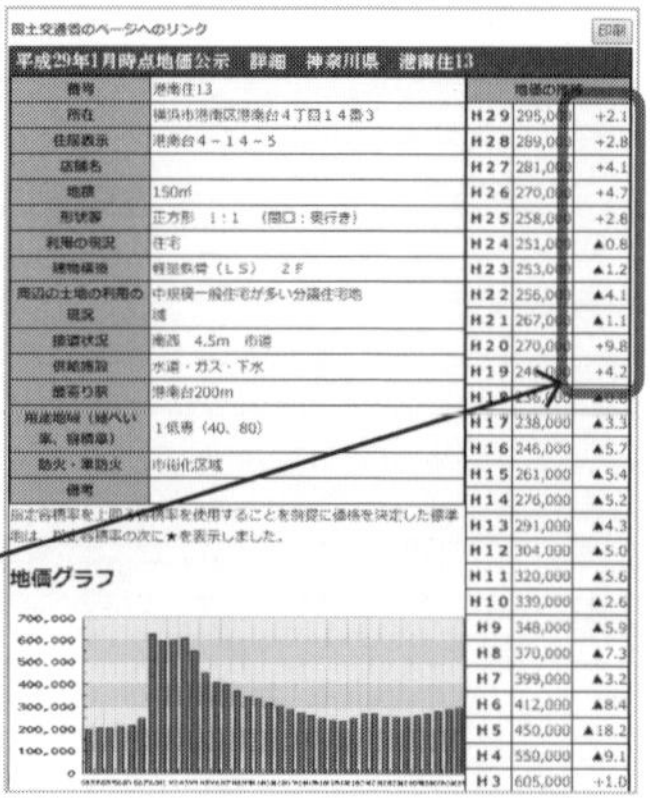
国土交通省のページへのリンク　印刷

平成29年1月時点地価公示　詳細　神奈川県　港南住13

番号	港南住13
所在	横浜市港南区港南台４丁目１４番３
住居表示	港南台４－１４－５
店舗名	
地積	150㎡
形状等	正方形　1：1　（間口：奥行き）
利用の現況	住宅
建物構造	軽量鉄骨（ＬＳ）　２Ｆ
周辺の土地の利用の現況	中規模一般住宅が多い分譲住宅地域
接道状況	南西　4.5m　市道
供給施設	水道・ガス・下水
最寄り駅	港南台200m
用途地域（建ぺい率、容積率）	１低専（40、80）
防火・準防火	市街化区域
備考	

指定容積率を上回る容積率を使用することを前提に価格を決定した標準地は、指定容積率の次に★を表示しました。

地価の推移

H29	295,000	+2.1
H28	289,000	+2.8
H27	281,000	+4.1
H26	270,000	+4.7
H25	258,000	+2.8
H24	251,000	▲0.8
H23	253,000	▲1.2
H22	256,000	▲4.1
H21	267,000	▲1.1
H20	270,000	+9.8
H19	246,000	+4.2
H18	[illegible]	[illegible]
H17	238,000	▲3.3
H16	246,000	▲5.7
H15	261,000	▲5.4
H14	276,000	▲5.2
H13	291,000	▲4.3
H12	304,000	▲5.0
H11	320,000	▲5.6
H10	339,000	▲2.6
H9	348,000	▲5.9
H8	370,000	▲7.3
H7	399,000	▲3.2
H6	412,000	▲8.4
H5	450,000	▲18.2
H4	550,000	▲9.1
H3	605,000	+1.0

地価グラフ

最近10年間くらいの
地価の推移を参照して、
年平均変動率を計算する

の推移」があまり長く調査されていないこともあります。この場合には、さらに近くの別の調査地点をみて、なるべく5～10年程度調査されている詳細データで価格変動率の平均を調べてみてください。

マンション価格の変動推移を調べる方法

土地の価格調査とは異なり、マンション価格に関して使い勝手のいい公式なデータというのはなかなか見当たらないのですが、民間企業が行っている調査データで、「野村不動産アーバンネット価格動向調査（実勢調査）」というものがあります（図3－4）。

そのバックナンバーの中古マンション価格データ（2011年～）を見ると、沿線・駅・徒歩時間・築年数・戸数規模の分類で、中古マンションの坪あたり取引実勢価格の推移を調べることができます。ただし、データを調べられる地域は、東京23区、東京都市圏、神奈川県、埼玉県、千葉県、大阪圏に限られます。

マンション価格を調べる際には、場所もさることながら、築年数と戸数規模が類似

3-4 マンションの価格動向がわかるサイト

●野村不動産アーバンネット価格動向調査(実勢調査)バックナンバー一覧

https://www.nomu.com/knowledge/chika/backnumber/

野村不動産アーバンネット(株)

「中古マンション」価格動向(平成29年1月1日)

※本調査は首都圏マンションのうち、取引の多い大・中規模マンションを中心に選定しています。
※調査物件については、「マンション内の標準的な間取り、日影の影響の少ない中層階、中住戸」を前提とした実勢価格を算出しています。
※表中、アクセス時間は、徒歩圏の物件を5分以内・10分以内・10分超に3分類し、バス利用の物件をBで表現しました。
※建築年は西暦の下2桁を5年刻みで表現しました。戸数規模は50戸未満を小、50戸以上200戸未満を中、200戸以上を大と表現しました。

東京都区部

沿線	駅	徒歩	建築年	戸数規模	実勢価格(坪単価/万円)					変動率(%)		
					'16.1	'16.4	'16.7	'16.10	'17.1	直近3ヶ月	直近6ヶ月	年間変動率
東京メトロ半蔵門線	半蔵門	5分以内	00-04	中	390	390	390	400	395	▲1.3	1.3	1.3
都営浅草線	東銀座	5分以内	00-04	中	350	350	350	350	350	0.0	0.0	0.0
東京メトロ有楽町線	月島	10分以内	95-99	大	380	380	380	380	380	0.0	0.0	0.0
東京メトロ千代田線	赤坂	5分以内	05以降	大	640	640	640	639	630	▲1.4	▲1.6	▲1.6
東京メトロ千代田線	赤坂	10分以内	05以降	大	580	580	580	579	570	▲1.6	▲1.7	▲1.7
東京メトロ南北線	白金高輪	10分以内	00-04	大	460	460	460	455	455	0.0	▲1.1	▲1.1
東京メトロ南北線	白金台	10分以内	95-99	中	400	400	400	400	400	0.0	0.0	0.0
東京メトロ南北線	麻布十番	5分以内	00-04	中	420	420	420	420	420	0.0	0.0	0.0
東京メトロ銀座線	外苑前	5分以内	00-04	中	560	560	560	560	560	0.0	0.0	0.0
都営大江戸線	汐留	5分以内	00-04	大	420	430	430	430	440	2.3	2.3	4.8
都営浅草線	泉岳寺	5分以内	95-99	中	365	365	365	365	360	▲1.4	▲1.4	▲1.4
都営三田線	芝公園	5分以内	00-04	中	360	360	360	360	355	▲1.4	▲1.4	▲1.4
JR山手線	品川	10分以内	00-04	大	380	385	390	395	395	0.0	1.3	
JR山手線	品川	5分以内	00-04	小	375	380	380	385	383	▲0.5	0.8	
東京メトロ丸の内線	西新宿	10分超	00-04	大	250	250	250	250	250	0.0	0.0	
東京メトロ丸の内線	西新宿	10分以内	05以降	大	350	350	350	350	350	0.0	0.0	
JR山手線	高田馬場	10分以内	85-89	中	200	210	220	220	230	4.5	4.5	
都営大江戸線	神楽坂	5分以内	00-04	大	320	330	350	360	355	▲1.4	1.4	
JR中央線	四谷	10分以内	05以降	中	350	350	350	350	360	2.9	2.9	
東京メトロ丸の内線	新宿御苑前	10分以内	00-04	大	260	265	265	265	265	0.0	0.0	

坪単価実勢価格や変動率のバックナンバーで地域・築年数・戸数規模の類似事例から変動率を見る

していものと比較するようにしてください。

自宅を購入する場合の世帯構成別ポイント

子供がいる家族世帯は、家計収支リスクから「住宅の資産性」の観点が重要

ここからは第2章の「購入と賃貸との損得比較シミュレーション」の結果と、「住宅の資産性」の考え方を踏まえて、住宅を購入した方がいいとの判断になった場合の注意点を挙げておきます。注意点は「ファミリー世帯」と、家族人数が変わらない「単身者（シングル）」及び、「夫婦のみ世帯」とで異なります。

子供がいる場合は、住宅費、教育費、車の維持費、保険料などで家計収支が火の車

という世帯も多いでしょう。ここでもやはり、住宅の資産性の考え方が重要になります。万一、住宅を売却しなければならなくなった際にも、なるべくスムーズに売却でき、かつ、住宅ローンの残債が生じない住宅を購入すべきです。

【子供がいるファミリー世帯が住宅を購入する場合の注意点】

- **家計収支は住宅費以外の教育・車・保険・老後資金ともあわせて総合的に考えてみる（特に大学までの教育費及び車の維持費については注意）**
- **一棟目に購入する住宅が資産的に優れているものにする。そのためには、利便性の立地条件が重要**

単身者、または夫婦のみ世帯における「購入と賃貸との損得比較」は？

本書での「購入と賃貸との損得比較」の考え方は、住宅費として一生の間に支払う資金投下の損得試算であり、いわば住宅投資という捉え方です。そのため、持家とは

夢のマイホームというよりは、どちらかと言えば、長生きリスクに備える生活防衛手段としての投資という考えに近いものです。そのうえでトータルの住宅費がより少ない方が、その分、老後に対する備えができるということです。

人数が変わらず、そして、子供など下の世代に対して財産を残すという点をあまり考慮しないならば、価値を重視しなくてもいい、という考え方もあります。「将来売却価格をゼロとした場合」に、住宅を購入するのと借りるのではどちらが得なのか、シミュレーションしたものが図3－5と図3－6になります。

将来価格の設定を「0」として、転売をせず、さらに居住期間50年とした場合には、居住期間30年よりも「購入派」の方が有利という結果が多くなります。

単身世帯においては、定年後も仕事を続ける場合や、車を手放す状況になった場合、また、一人暮らしがずっと続く場合などを想定し、なるべく長く住むことができる住宅の購入を視野に入れる方がいいかもしれません。今回のシミュレーション設定のように途中売却を考えないのであれば、利便性よりも、自分の優先順位で物件を選んでもいいと思います。

夫婦のみ世帯でも同様で、老後の互いの世話や、残された配偶者のための老後資金の充実に重きをおくならば、単身世帯と同様、長く住み続けることができる住宅を購入することが効率のいい住宅投資になります。
しかし、どちらにせよ、長期で暮らすことになると、マンションはずっと続く管理費、そして建て替え問題なども起こってきますので注意が必要です。

【単身者、または夫婦のみ世帯における住宅を購入するときの注意点】
- 子供に残すべき財産などを考慮しないのであれば、住宅財産価値はゼロと捉える
- 住宅の立地は、老後に働くか・車の保有・日常の利便性などにも配慮する
- 戸建ての修繕メンテナンスは、収入が途絶える前に行っておく
- マンションは逓増する管理費・修繕積立金を生涯払い続けなければならない面が弱い
- 特に大規模なマンションは、建て替え問題に遭遇すると意見の調整も非常に難しいため平穏な余生を送り難くなる

3-5

購入VS賃貸比較(戸建て：50年)

「戸建て」購入と賃貸との比較シミュレーション**(居住期間50年)**

購入条件 頭金割合10%、ローン金利1.5%（全期間固定）

将来価格 **転売想定なし**（将来売却価格ゼロ）

※車を所有する場合には賃料額に駐車場料を加算します

戸建て購入物件価格(消費税込みの金額、購入諸費用は含まず)

賃貸物件の家賃額(共益費・駐車場料)

	2,000万円	2,500万円	3,000万円	3,500万円	4,000万円	4,500万円	5,000万円	5,500万円	6,000万円
4.5万円	賃貸派	賃貸派	賃貸派	賃貸派	賃貸派	賃貸派	賃貸派	賃貸派	賃貸派
5.0万円	購入派	賃貸派	賃貸派	賃貸派	賃貸派	賃貸派	賃貸派	賃貸派	賃貸派
5.5万円	購入派	賃貸派	賃貸派	賃貸派	賃貸派	賃貸派	賃貸派	賃貸派	賃貸派
6.0万円	購入派	賃貸派	賃貸派	賃貸派	賃貸派	賃貸派	賃貸派	賃貸派	賃貸派
6.5万円	購入派	購入派	賃貸派	賃貸派	賃貸派	賃貸派	賃貸派	賃貸派	賃貸派
7.0万円	購入派	購入派	賃貸派	賃貸派	賃貸派	賃貸派	賃貸派	賃貸派	賃貸派
7.5万円	購入派	購入派	賃貸派	賃貸派	賃貸派	賃貸派	賃貸派	賃貸派	賃貸派
8.0万円	購入派	購入派	購入派	賃貸派	賃貸派	賃貸派	賃貸派	賃貸派	賃貸派
8.5万円	購入派	購入派	購入派	賃貸派	賃貸派	賃貸派	賃貸派	賃貸派	賃貸派
9.0万円	購入派	購入派	購入派	購入派	賃貸派	賃貸派	賃貸派	賃貸派	賃貸派
9.5万円	購入派	購入派	購入派	購入派	賃貸派	賃貸派	賃貸派	賃貸派	賃貸派
10.0万円	購入派	購入派	購入派	購入派	賃貸派	賃貸派	賃貸派	賃貸派	賃貸派
10.5万円	購入派	購入派	購入派	購入派	購入派	賃貸派	賃貸派	賃貸派	賃貸派
11.0万円	購入派	購入派	購入派	購入派	購入派	賃貸派	賃貸派	賃貸派	賃貸派
11.5万円	購入派	購入派	購入派	購入派	購入派	購入派	賃貸派	賃貸派	賃貸派
12.0万円	購入派	購入派	購入派	購入派	購入派	購入派	賃貸派	賃貸派	賃貸派
12.5万円	購入派	購入派	購入派	購入派	購入派	購入派	賃貸派	賃貸派	賃貸派
13.0万円	購入派	購入派	購入派	購入派	購入派	購入派	購入派	賃貸派	賃貸派
13.5万円	購入派	購入派	購入派	購入派	購入派	購入派	購入派	賃貸派	賃貸派
14.0万円	購入派	購入派	購入派	購入派	購入派	購入派	購入派	賃貸派	賃貸派
14.5万円	購入派	購入派	購入派	購入派	購入派	購入派	購入派	購入派	賃貸派
15.0万円	購入派	購入派	購入派	購入派	購入派	購入派	購入派	購入派	賃貸派
15.5万円	購入派	購入派	購入派	購入派	購入派	購入派	購入派	購入派	購入派
16.0万円	購入派	購入派	購入派	購入派	購入派	購入派	購入派	購入派	購入派
16.5万円	購入派	購入派	購入派	購入派	購入派	購入派	購入派	購入派	購入派
17.0万円	購入派	購入派	購入派	購入派	購入派	購入派	購入派	購入派	購入派
17.5万円	購入派	購入派	購入派	購入派	購入派	購入派	購入派	購入派	購入派
18.0万円	購入派	購入派	購入派	購入派	購入派	購入派	購入派	購入派	購入派
18.5万円	購入派	購入派	購入派	購入派	購入派	購入派	購入派	購入派	購入派
19.0万円	購入派	購入派	購入派	購入派	購入派	購入派	購入派	購入派	購入派
19.5万円	購入派	購入派	購入派	購入派	購入派	購入派	購入派	購入派	購入派
20.0万円	購入派	購入派	購入派	購入派	購入派	購入派	購入派	購入派	購入派

3-6 購入VS賃貸比較（戸建て：30年）

「戸建て」購入と賃貸との比較シミュレーション**（居住期間30年）**

購入条件 頭金割合10%、ローン金利1.5%（全期間固定）

将来価格 **転売想定なし**（将来売却価格ゼロ）

※車を所有する場合には賃料額に駐車場料を加算します

戸建て購入物件価格（消費税込みの金額、購入諸費用は含まず）

賃貸物件の家賃額（共益費・駐車場料）	2,000万円	2,500万円	3,000万円	3,500万円	4,000万円	4,500万円	5,000万円	5,500万円	6,000万円
4.5万円	賃貸派	賃貸派	賃貸派	賃貸派	賃貸派	賃貸派	賃貸派	賃貸派	賃貸派
5.0万円	賃貸派	賃貸派	賃貸派	賃貸派	賃貸派	賃貸派	賃貸派	賃貸派	賃貸派
5.5万円	賃貸派	賃貸派	賃貸派	賃貸派	賃貸派	賃貸派	賃貸派	賃貸派	賃貸派
6.0万円	賃貸派	賃貸派	賃貸派	賃貸派	賃貸派	賃貸派	賃貸派	賃貸派	賃貸派
6.5万円	賃貸派	賃貸派	賃貸派	賃貸派	賃貸派	賃貸派	賃貸派	賃貸派	賃貸派
7.0万円	賃貸派	賃貸派	賃貸派	賃貸派	賃貸派	賃貸派	賃貸派	賃貸派	賃貸派
7.5万円	購入派	賃貸派	賃貸派	賃貸派	賃貸派	賃貸派	賃貸派	賃貸派	賃貸派
8.0万円	購入派	賃貸派	賃貸派	賃貸派	賃貸派	賃貸派	賃貸派	賃貸派	賃貸派
8.5万円	購入派	賃貸派	賃貸派	賃貸派	賃貸派	賃貸派	賃貸派	賃貸派	賃貸派
9.0万円	購入派	賃貸派	賃貸派	賃貸派	賃貸派	賃貸派	賃貸派	賃貸派	賃貸派
9.5万円	購入派	購入派	賃貸派	賃貸派	賃貸派	賃貸派	賃貸派	賃貸派	賃貸派
10.0万円	購入派	購入派	賃貸派	賃貸派	賃貸派	賃貸派	賃貸派	賃貸派	賃貸派
10.5万円	購入派	購入派	賃貸派	賃貸派	賃貸派	賃貸派	賃貸派	賃貸派	賃貸派
11.0万円	購入派	購入派	賃貸派	賃貸派	賃貸派	賃貸派	賃貸派	賃貸派	賃貸派
11.5万円	購入派	購入派	購入派	賃貸派	賃貸派	賃貸派	賃貸派	賃貸派	賃貸派
12.0万円	購入派	購入派	購入派	賃貸派	賃貸派	賃貸派	賃貸派	賃貸派	賃貸派
12.5万円	購入派	購入派	購入派	賃貸派	賃貸派	賃貸派	賃貸派	賃貸派	賃貸派
13.0万円	購入派	購入派	購入派	賃貸派	賃貸派	賃貸派	賃貸派	賃貸派	賃貸派
13.5万円	購入派	購入派	購入派	購入派	賃貸派	賃貸派	賃貸派	賃貸派	賃貸派
14.0万円	購入派	購入派	購入派	購入派	賃貸派	賃貸派	賃貸派	賃貸派	賃貸派
14.5万円	購入派	購入派	購入派	購入派	賃貸派	賃貸派	賃貸派	賃貸派	賃貸派
15.0万円	購入派	購入派	購入派	購入派	賃貸派	賃貸派	賃貸派	賃貸派	賃貸派
15.5万円	購入派	購入派	購入派	購入派	購入派	賃貸派	賃貸派	賃貸派	賃貸派
16.0万円	購入派	購入派	購入派	購入派	購入派	賃貸派	賃貸派	賃貸派	賃貸派
16.5万円	購入派	購入派	購入派	購入派	購入派	賃貸派	賃貸派	賃貸派	賃貸派
17.0万円	購入派	購入派	購入派	購入派	購入派	賃貸派	賃貸派	賃貸派	賃貸派
17.5万円	購入派	購入派	購入派	購入派	購入派	購入派	賃貸派	賃貸派	賃貸派
18.0万円	購入派	購入派	購入派	購入派	購入派	購入派	賃貸派	賃貸派	賃貸派
18.5万円	購入派	購入派	購入派	購入派	購入派	購入派	賃貸派	賃貸派	賃貸派
19.0万円	購入派	購入派	購入派	購入派	購入派	購入派	賃貸派	賃貸派	賃貸派
19.5万円	購入派	購入派	購入派	購入派	購入派	購入派	購入派	賃貸派	賃貸派
20.0万円	購入派	購入派	購入派	購入派	購入派	購入派	購入派	賃貸派	賃貸派

3-7

購入VS賃貸比較（マンション：50年）

「マンション」購入と賃貸との比較シミュレーション**（居住期間50年）**

購入条件 頭金割合10%、ローン金利1.5%（全期間固定）

将来価格 **転売想定なし**（将来売却価格ゼロ）

※車を所有する場合にも、駐車場料は考慮不要です

マンション購入物件価格（消費税込みの金額、購入諸費用は含まず）

賃貸物件の家賃額（共益費含む）

	2,000万円	2,500万円	3,000万円	3,500万円	4,000万円	4,500万円	5,000万円	5,500万円	6,000万円
4.5万円	賃貸派	賃貸派	賃貸派	賃貸派	賃貸派	賃貸派	賃貸派	賃貸派	賃貸派
5.0万円	賃貸派	賃貸派	賃貸派	賃貸派	賃貸派	賃貸派	賃貸派	賃貸派	賃貸派
5.5万円	購入派	賃貸派	賃貸派	賃貸派	賃貸派	賃貸派	賃貸派	賃貸派	賃貸派
6.0万円	購入派	賃貸派	賃貸派	賃貸派	賃貸派	賃貸派	賃貸派	賃貸派	賃貸派
6.5万円	購入派	賃貸派	賃貸派	賃貸派	賃貸派	賃貸派	賃貸派	賃貸派	賃貸派
7.0万円	購入派	購入派	賃貸派	賃貸派	賃貸派	賃貸派	賃貸派	賃貸派	賃貸派
7.5万円	購入派	購入派	賃貸派	賃貸派	賃貸派	賃貸派	賃貸派	賃貸派	賃貸派
8.0万円	購入派	購入派	賃貸派	賃貸派	賃貸派	賃貸派	賃貸派	賃貸派	賃貸派
8.5万円	購入派	購入派	購入派	賃貸派	賃貸派	賃貸派	賃貸派	賃貸派	賃貸派
9.0万円	購入派	購入派	購入派	賃貸派	賃貸派	賃貸派	賃貸派	賃貸派	賃貸派
9.5万円	購入派	購入派	購入派	賃貸派	賃貸派	賃貸派	賃貸派	賃貸派	賃貸派
10.0万円	購入派	購入派	購入派	購入派	賃貸派	賃貸派	賃貸派	賃貸派	賃貸派
10.5万円	購入派	購入派	購入派	購入派	賃貸派	賃貸派	賃貸派	賃貸派	賃貸派
11.0万円	購入派	購入派	購入派	購入派	購入派	賃貸派	賃貸派	賃貸派	賃貸派
11.5万円	購入派	購入派	購入派	購入派	購入派	賃貸派	賃貸派	賃貸派	賃貸派
12.0万円	購入派	購入派	購入派	購入派	購入派	賃貸派	賃貸派	賃貸派	賃貸派
12.5万円	購入派	購入派	購入派	購入派	購入派	購入派	賃貸派	賃貸派	賃貸派
13.0万円	購入派	購入派	購入派	購入派	購入派	購入派	賃貸派	賃貸派	賃貸派
13.5万円	購入派	購入派	購入派	購入派	購入派	購入派	賃貸派	賃貸派	賃貸派
14.0万円	購入派	購入派	購入派	購入派	購入派	購入派	購入派	賃貸派	賃貸派
14.5万円	購入派	購入派	購入派	購入派	購入派	購入派	購入派	賃貸派	賃貸派
15.0万円	購入派	購入派	購入派	購入派	購入派	購入派	購入派	賃貸派	賃貸派
15.5万円	購入派	購入派	購入派	購入派	購入派	購入派	購入派	購入派	賃貸派
16.0万円	購入派	購入派	購入派	購入派	購入派	購入派	購入派	購入派	賃貸派
16.5万円	購入派	購入派	購入派	購入派	購入派	購入派	購入派	購入派	賃貸派
17.0万円	購入派	購入派	購入派	購入派	購入派	購入派	購入派	購入派	購入派
17.5万円	購入派	購入派	購入派	購入派	購入派	購入派	購入派	購入派	購入派
18.0万円	購入派	購入派	購入派	購入派	購入派	購入派	購入派	購入派	購入派
18.5万円	購入派	購入派	購入派	購入派	購入派	購入派	購入派	購入派	購入派
19.0万円	購入派	購入派	購入派	購入派	購入派	購入派	購入派	購入派	購入派
19.5万円	購入派	購入派	購入派	購入派	購入派	購入派	購入派	購入派	購入派
20.0万円	購入派	購入派	購入派	購入派	購入派	購入派	購入派	購入派	購入派

3-8 購入VS賃貸比較(マンション:30年)

「マンション」購入と賃貸との比較シミュレーション**(居住期間30年)**

購入条件 頭金割合10%、ローン金利1.5% (全期間固定)

将来価格 **転売想定なし**(将来売却価格ゼロ)

※車を所有する場合にも、駐車場料は考慮不要です

マンション購入物件価格(消費税込みの金額、購入諸費用は含まず)

賃貸物件の家賃額(共益費含む)

	2,000万円	2,500万円	3,000万円	3,500万円	4,000万円	4,500万円	5,000万円	5,500万円	6,000万円
4.5万円	賃貸派	賃貸派	賃貸派	賃貸派	賃貸派	賃貸派	賃貸派	賃貸派	賃貸派
5.0万円	賃貸派	賃貸派	賃貸派	賃貸派	賃貸派	賃貸派	賃貸派	賃貸派	賃貸派
5.5万円	賃貸派	賃貸派	賃貸派	賃貸派	賃貸派	賃貸派	賃貸派	賃貸派	賃貸派
6.0万円	賃貸派	賃貸派	賃貸派	賃貸派	賃貸派	賃貸派	賃貸派	賃貸派	賃貸派
6.5万円	賃貸派	賃貸派	賃貸派	賃貸派	賃貸派	賃貸派	賃貸派	賃貸派	賃貸派
7.0万円	賃貸派	賃貸派	賃貸派	賃貸派	賃貸派	賃貸派	賃貸派	賃貸派	賃貸派
7.5万円	賃貸派	賃貸派	賃貸派	賃貸派	賃貸派	賃貸派	賃貸派	賃貸派	賃貸派
8.0万円	購入派	賃貸派	賃貸派	賃貸派	賃貸派	賃貸派	賃貸派	賃貸派	賃貸派
8.5万円	購入派	賃貸派	賃貸派	賃貸派	賃貸派	賃貸派	賃貸派	賃貸派	賃貸派
9.0万円	購入派	賃貸派	賃貸派	賃貸派	賃貸派	賃貸派	賃貸派	賃貸派	賃貸派
9.5万円	購入派	賃貸派	賃貸派	賃貸派	賃貸派	賃貸派	賃貸派	賃貸派	賃貸派
10.0万円	購入派	購入派	賃貸派	賃貸派	賃貸派	賃貸派	賃貸派	賃貸派	賃貸派
10.5万円	購入派	購入派	賃貸派	賃貸派	賃貸派	賃貸派	賃貸派	賃貸派	賃貸派
11.0万円	購入派	購入派	賃貸派	賃貸派	賃貸派	賃貸派	賃貸派	賃貸派	賃貸派
11.5万円	購入派	購入派	賃貸派	賃貸派	賃貸派	賃貸派	賃貸派	賃貸派	賃貸派
12.0万円	購入派	購入派	購入派	賃貸派	賃貸派	賃貸派	賃貸派	賃貸派	賃貸派
12.5万円	購入派	購入派	購入派	賃貸派	賃貸派	賃貸派	賃貸派	賃貸派	賃貸派
13.0万円	購入派	購入派	購入派	賃貸派	賃貸派	賃貸派	賃貸派	賃貸派	賃貸派
13.5万円	購入派	購入派	購入派	賃貸派	賃貸派	賃貸派	賃貸派	賃貸派	賃貸派
14.0万円	購入派	購入派	購入派	購入派	賃貸派	賃貸派	賃貸派	賃貸派	賃貸派
14.5万円	購入派	購入派	購入派	購入派	賃貸派	賃貸派	賃貸派	賃貸派	賃貸派
15.0万円	購入派	購入派	購入派	購入派	賃貸派	賃貸派	賃貸派	賃貸派	賃貸派
15.5万円	購入派	購入派	購入派	購入派	賃貸派	賃貸派	賃貸派	賃貸派	賃貸派
16.0万円	購入派	購入派	購入派	購入派	購入派	賃貸派	賃貸派	賃貸派	賃貸派
16.5万円	購入派	購入派	購入派	購入派	購入派	賃貸派	賃貸派	賃貸派	賃貸派
17.0万円	購入派	購入派	購入派	購入派	購入派	賃貸派	賃貸派	賃貸派	賃貸派
17.5万円	購入派	購入派	購入派	購入派	購入派	賃貸派	賃貸派	賃貸派	賃貸派
18.0万円	購入派	購入派	購入派	購入派	購入派	賃貸派	賃貸派	賃貸派	賃貸派
18.5万円	購入派	購入派	購入派	購入派	購入派	購入派	賃貸派	賃貸派	賃貸派
19.0万円	購入派	購入派	購入派	購入派	購入派	購入派	賃貸派	賃貸派	賃貸派
19.5万円	購入派	購入派	購入派	購入派	購入派	購入派	賃貸派	賃貸派	賃貸派
20.0万円	購入派	購入派	購入派	購入派	購入派	購入派	賃貸派	賃貸派	賃貸派

「いざという時は売却すればいい」の落とし穴

家計収支の行き詰まりなどから、住宅ローンの支払いに問題を抱えている方々が打ち明けることの一つに、「いざというときはいつでも売却すればいいと考えて、購入を決めてしまった」という共通点があります。

確かに不動産には、売却すればまとまったお金に換金できるという資産性があるのですが、住宅ローンの残債が売却可能金額を大きく上回っていてはなかなかスムーズに問題を解決することができません。思うような価格で売却できないケースもあります。住宅の売却がうまくいかない理由には、主に左のようなものがあります。

- 80年代のバブル絶頂期またはミニバブル期に買った割高な住宅であった
- 高度成長期に開発された分譲地であり、時代とともに高齢化が一気に進んだ
- 家族のために広めの住宅を購入したが、生活上の利便性を犠牲にした立地であった
- 人口減少が著しく、周囲の住宅に空き家が目立つようになった
- バス等の公共交通機関の運用が廃止され、利便性が悪い地域となった

・ハザードマップ等で災害危険区域に指定され、不動産の価値が大幅に下落した

マイホームが思うような価格で売れなくなる時期というのは、世の中の景気も悪く、収入が減っている時期と重なる確率が高いです。景気が悪くなれば不動産価格も下落するので注意が必要です。

不動産価格の下落は銀行の「融資姿勢」である程度予測できる

では、不動産価格が下落して思うような価格で売れなくなる時期がくるのを事前に察知することは可能でしょうか。過去の経験則からいえば、金融機関の融資姿勢が厳しくなると、価格は全体的に値下がりするように思います。

リーマン・ショックが起きた2008年9月を境に不動産価格が一気に下落したのは、記憶に新しいことと思います。しかし実は、リーマン・ショックの約1年前から、日本国内の不動産価格の下落予兆は生じていました。

私としては、サブ・プライム問題が発生して米国経済が傷ついている以上、日本経済も無傷でいられるはずはないとの考えから、不動産価格は徐々に下落すると考えていましたが、それを証明するエビデンス（資料）がないため、具体的な説明ができない状況が続きました。

そうこうしているうちに、金融機関は不動産向け融資をほとんど行わなくなり、不動産業者は借入できなくなりました。となると不動産開発会社は、自分で資金調達をしなくてはならないため、手持ちの不動産を売却します。売れないと価格を下げますから、他もそれにつられて、どんどん価格が下がりました。そこにリーマン・ショックの波がきて、不動産価格は一気に下落してしまったのです。

不動産価格の変動については、不動産の専門家でも、先行きについて予測をするのは難しいものです。

私が長く現場を見てきてわかったことは、結局、不動産価格は融資の意向に左右されるということでした。金融機関などが不動産向けの融資に積極的なうちは不動産価格は上昇し、融資が消極的になり始めると不動産価格も停滞あるいは下落し始めます。

融資の状況は、不動産仲介の営業マンに尋ねる他、経済動向の発表、新聞などでも定期的にニュースが出ます。

購入前に一度は考えておきたい将来の生活と出費

将来的な不安材料を考え始めればキリがなく、すべてについて備えることは難しいのですが、ここで住宅購入前に一度は考えておきたい想定事項を挙げてみます。

- 子供の教育費について大学進学の時期に想定されるまとまった出費額
- 車の保有・維持に関する総費用、及び車所有の必要性
- 老後に車を保有しない場合に想定される日常生活の利便性
- 65歳を超えても継続して働く場合の通勤事情
- 親の介護が必要となった場合の住まいと資金
- ケガや病気の場合の医療費や保険、及び収入補填に関する備え
- 平均寿命と照らして今後住まう期間に即した補修メンテナンス費用

これらのうち、1番目の子供の教育費と2番目の車の保有・維持費に関する問題について引き続き解説します。

大学卒業までの子供の教育費を概算で考えてみる

おおまかな教育費用は学年ごとの足し算でわかる

文部科学省及び日本政策金融公庫がまとめた子供一人あたりの教育費の統計調査を見てください。一般的な全国平均額なので地域的な差異はありますが、おおよその目安となるかと思います。

幼稚園から大学まで、公立と私立のどちらに進学させるか選びながら、大学卒業までかかる費用を足してみてください。ちなみに、大学費用には子供が一人暮らしをし

3-7 子供一人あたりの教育費の統計調査

	公立	私立	備考
幼稚園（3年間総額）	約69万円	約146万円	※1
小学校（6年間総額）	約183万円	約853万円	※2
中学校（3年間総額）	約135万円	約388万円	※2
高　校（3年間総額）	約116万円	約290万円	※2

	国公立	私立文系	私立理系	備考
大学（4年間総額）	約518万円	約690万円	約813万円	※3

※1 授業料、制服・教科書、給食、園外活動費（習い事・学習塾等）等含む
文部科学省「平成24年子供の学習費調査」
※2 授業料、給食費、学校外活動費（習い事・学習塾等）、入学金、寄付金、遠足・修学旅行、学級・PTA会費、教科書費、学用品費、通学費、制服代、通学用品費、その他学校納付金等含む
文部科学省「平成24年子供の学習費調査」
※3 入学費用、在学費用含む（但し、一人暮らし費用は含まず）
日本政策金融公庫「平成25年教育費負担の実態調査」

た場合の別居費用は含まれていません。

幼稚園と大学は私立で、その他は公立に通わせる場合の例を計算してみます。金額は、授業料や教科書代、給食費、習い事や学習塾費用などを含むものとしています。

例えば、幼稚園（私立１４６万円）＋小学校（公立１８３万）円＋中学校（公立１３５万円）＋高校（公立１１６万円）＋大学（私立理系８１３万円）＝合計約１３９３万円／１人となり、子供が２人いれば３０００万円近い費用となります。率直に、「分かってはいるけれど、ずいぶんかかるものだな…」という感覚ではないでしょうか。

さらに、この総額を月額単位に直します。

月平均でみれば…約6万1000円　（1393万円÷19年÷12か月）

このように、子供一人ひとりについて、今現在の学年と公立または私立の進学想定をしたうえで、月額平均を出してみてください。想像する以上の金額になるかと思います。

老後費が不安であれば「元金均等返済方式」を検討してみる

子供の教育費とともに頭を悩ます費用が「老後費」であると思います。

老後に必要な貯えを行おうとしても、教育費やその他の出費がかさみ、なかなか老後に備えるための充分な貯蓄ができるかどうか、不安を感じている方は多いと思います。そして、退職金でローンを完済してしまうと、その後の生活費に不安が残ります。

そこで、住宅ローンについて一度試算していただきたいのが、**後になるほど支払い金額が減っていく「元金均等返済方式」です。**住宅ローンには、①元利均等返済方式と②元金均等返済方式の2種類があります。

3-8 返済期間の後半に返済額が減らせる「元金均等」

● ❶元利均等返済方式と❷元金均等返済方式

（借入3,000万円、金利1.5%固定、返済期間30年で設定）

❶元利均等返済方式のイメージ

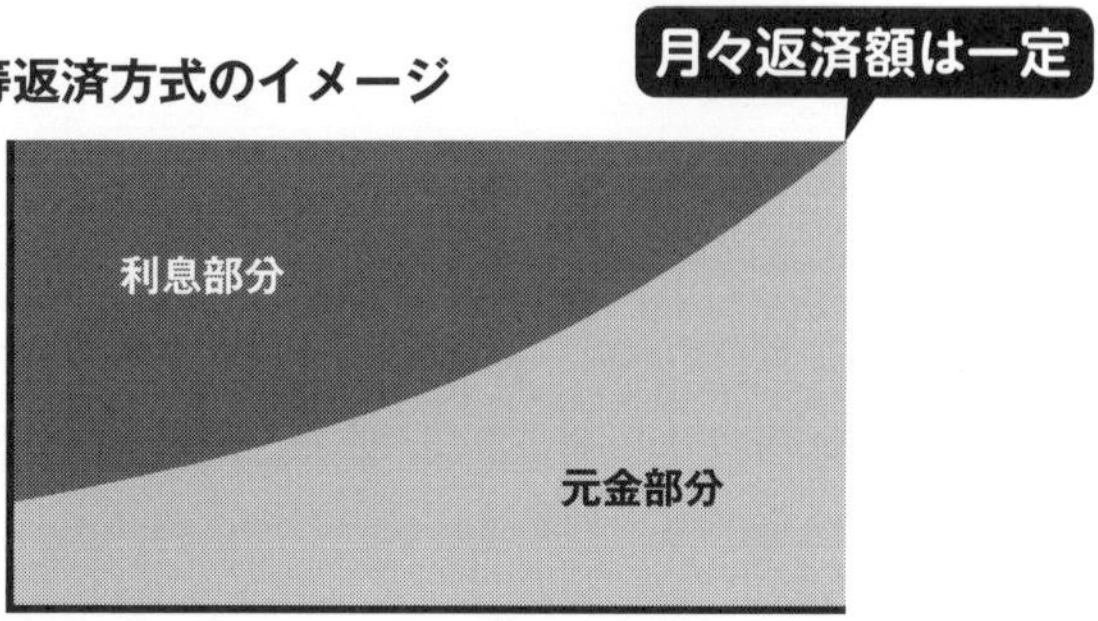

毎月返済額103,536円（一定）　返済利息総額　7,272,982円

❷元金均等返済方式

初回返済額120,833円（徐々に下がる）

最終回83,437円
返済利息総額　6,768,750円

元金均等返済方式の方が返済利息が少なくて済む

住宅ローンの返済方法は通常であれば①元利均等返済方式で支払います。「元利」均等とは、元金部分と利息部分を足した額の支払いが毎月ずっと同じという意味です。途中で一部繰り上げ返済をしないかぎり、一定額を毎月支払うものです。

もう一つの返済方法が②元金均等返済方式です。「元金」均等とは、借り入れた金額を毎月均等に返済していき、利息はその時点の残りの借入額分に比例して支払う方法です。月々の支払額は、返済し始めた当初が一番多く、徐々に減っていきます。

両者を比べると、②元金均等返済方式の方が、やや金利分の返済が少なくてすむという利点があります。

さらに老後の時期に差し掛かった頃に返済額が減っているため、生活費の調整がしやすいことも注目に値します。当初は高い支払額になるため注意が必要ですが、家計収支をシミュレーションしてみましょう。

車の保有・維持費の長期総費用を考えてみる

軽自動車と乗用車の保有維持費の年間費用

住宅費・教育費・老後費の3項目は人生における3大支出と言われますが、もう一点考慮すべきものとして、車の保有及び維持にかかる費用があります。

地方では車の保有なくして日々の生活は困難ですので、概算をつかんでおくことは重要です。自動運転技術が開発途上にあり、将来どこまで普及するかは未知数ではありますが、車の保有・維持費については、かなりの長期のスパンで考えておく必要があります。

車を約10年毎に買い替えるものとし、ガソリン代、駐車場料、車検料、各種保険

3-9 軽車両と普通車の保有・維持費の比較

	軽自動車	乗用車
想定購入価格	約120万円/1台	約250万円/1台
買い替えサイクル	約10年毎に買い替え	
維持費項目	ガソリン代、駐車場料、車検料、各種保険料・税金など	
月額平均コスト	**約42,000円／月**	**約58,000円／月**
30年所有コスト	約1,510万円	約2,090万円
50年所有コスト	約2,520万円	約3,480万円

※著者試算（一般的な概算として）

料・税金などを考慮すると、だいたい上記程度の費用がかかります。もちろん購入する車種や走行距離、駐車場料などによってかなり異なってきますので、あくまで一般的な概算単価として捉えてください。長期で考えれば、3大支出に匹敵する高額なものとなることがわかります。

平均的には軽自動車なら月額4万2000円程度、乗用車なら月額5万8000円程度に相当します（いずれも車の購入代を含めます）。

仮に50年間、車を所有（10年ごと買い替え）すると、**普通車で約3480万円、軽自動車で2520万円と、なかなか大きな数字になります。**

駅近に住めば、車を保有しなくても不便はない

私自身、車を保有しない生活もなかなか悪くないものだと感じたことがあります。一時期、東京都葛飾区にある「亀有駅」から歩いて1分程の賃貸マンションに住んでいました。葛飾区亀有といえば、漫画『こちら葛飾区亀有公園前派出所』の舞台となった街です。駅周辺にはいくつもの商店街や大型ショッピングセンターがあり、多くの人が行き交うエリアでした。病院、診療所もたくさんありました。

亀有に住んでいたときには車を保有していませんでしたが、どこへ出かけるにも不自由はありませんでしたし、天気の良い日は、近所を散歩する楽しみもありました。そして何より、車を運転しないので、交通事故を起こす心配がなかったのはとても大きなメリットでした。

どうしても必要であれば、今は、カーシェアやレンタカー、そしてタクシーなどもあります。本書で繰り返し述べている、価値が下がらない利便性のいい住宅は、当然、価格もそれなりに高いものです。住宅にかける予算を増やすためにも、車を保有しないと判断することも選択肢のひとつです。

Column

TV番組「人生の楽園」が教えてくれるこれからの街づくり

これからの日本は、多くの人がまさに人生を2度経験するような超高齢社会になっていきます。長い余生をどのように充実させていくのかは、誰にとっても大きなテーマです。

私が参考にしているのは、テレビ番組『人生の楽園』(テレビ朝日系列)。日本人のこれからの生き方や生きがいについて、さまざまにヒントを与えてくれていると思うのです。番組では全国各地、主に地方に移住したシニア世帯のライフスタイルを紹介しています。

「一人ひとりに美味しい料理を味わってもらう古民家食堂を開きたい」
「自然に囲まれて自由気ままなスローライフを送りたい」
といった自分なりの夢を実現させ、新しい人生を歩む人々が登場します。

私は、このような第二の人生を充実させるべく新たなスタートを切る人たちが大勢集まり、それぞれの「生きがい」に対する理念のもと、協同して街づくりができればいいと思います。

それは超高齢社会の日本でよき手本となるのではないでしょうか。

第4章

これだけ知れば基本は充分！住宅ローン選びのノウハウ

住宅ローンで、最低限知っておきたいノウハウ

いずれ上がると言われ続けたローン金利、実際は？

家を買うとき、ほとんどの人が住宅ローンを組みます。

いまや住宅ローンの知識は不動産知識の一部になっていて、私も不動産業者向けの研修などで住宅ローンについて教える機会が増えています。その中で、買う側としても最低限知っておきたいノウハウ、注意点をお伝えしたいと思います。

なお、ここで紹介するのは住宅ローンについての一般的な考え方です。金融機関によって契約内容や手続きに違いがあることをご了承ください。

「いまが絶好の買いどき」とばかりに住宅の買い意欲を煽るものの一つに、史上最低水準に近い住宅ローン金利があります。実は、「金利はこの先上昇することが見込まれ

4-1 住宅ローンの金利は、上がっていない!

●長期・短期プライムレートの推移

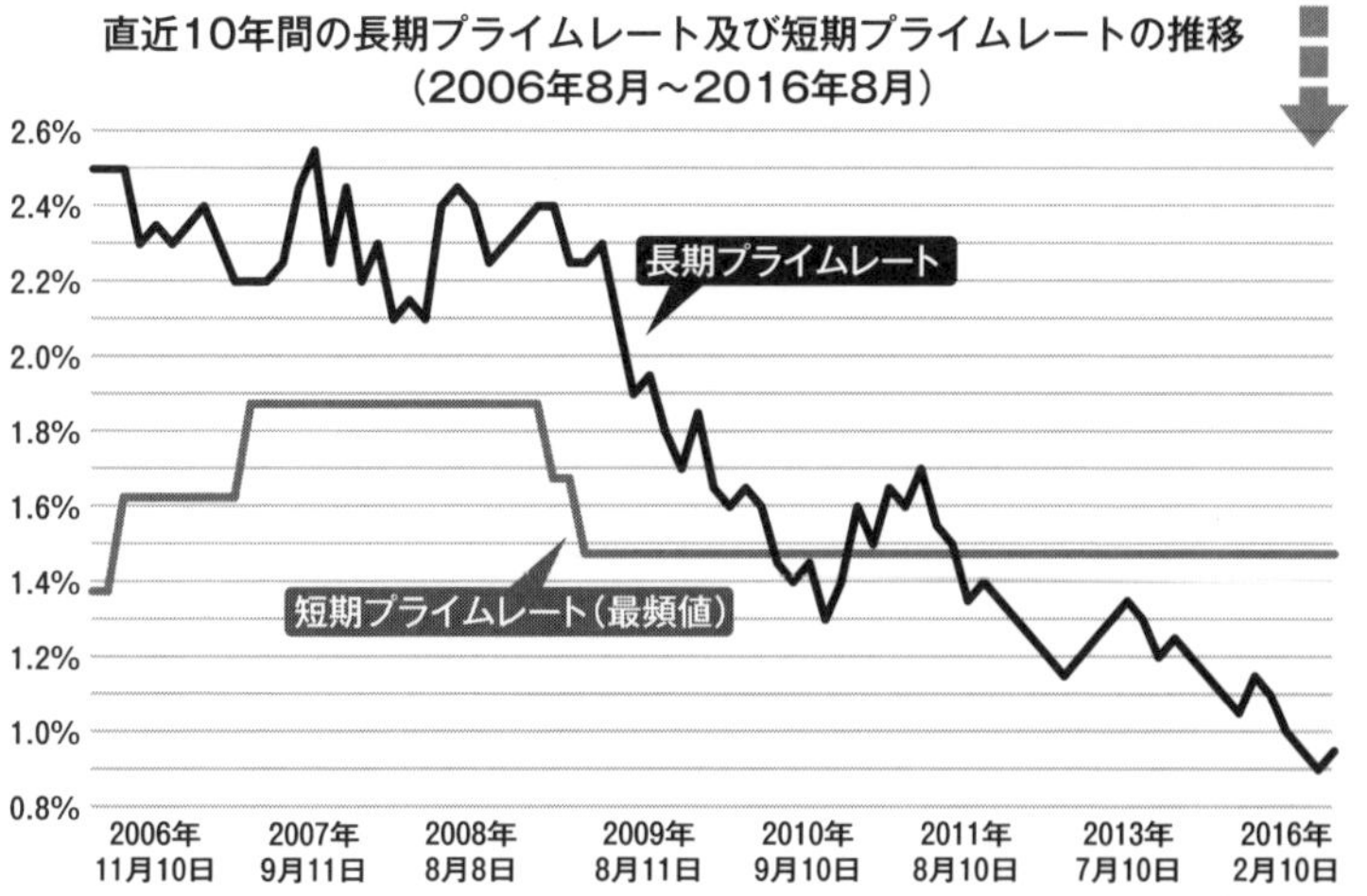

出展：日本銀行HP

る」との考え方は、私が不動産業に従事し始めた約20年も前から、まったく同じように言われ続けてきました。ところが、過去12年間（2005年1月～2017年1月）の住宅ローンの変動金利や長期固定金利の利率を見ると、いずれもほぼ不変か下げ基調となっています。

今後の金利上昇について不安に思ったら、金利が上昇した場合に具体的にどのくらい支払額が増えるのか、自分で一度計算してみることをお勧めします。ローンの支払額の具体的な算定方法については、本章の後ろの方で解説をします。

変動金利と固定金利どちらが多数？

住宅金融支援機構が発表している「住宅ローンの金利タイプ別利用状況（借入月別構成比の推移）」によれば、2014年3・4月期から2015年9・10月期まで、変動金利で住宅ローンを組む人の割合は約4～5割で推移しています。つまり、変動金利を選ぶ人と固定金利を選ぶ人は約半数ずつということです。ただ、固定金利のなかでも借入期間中ずっと金利が固定される全期間固定型を選択する人は約3割と少なく、

4-2 半数が変動金利で借りている

●住宅ローンの金利タイプ別利用状況（借入月別構成比の推移）
（2015年12月時データ）

【金利タイプ別利用状況と長短金利】

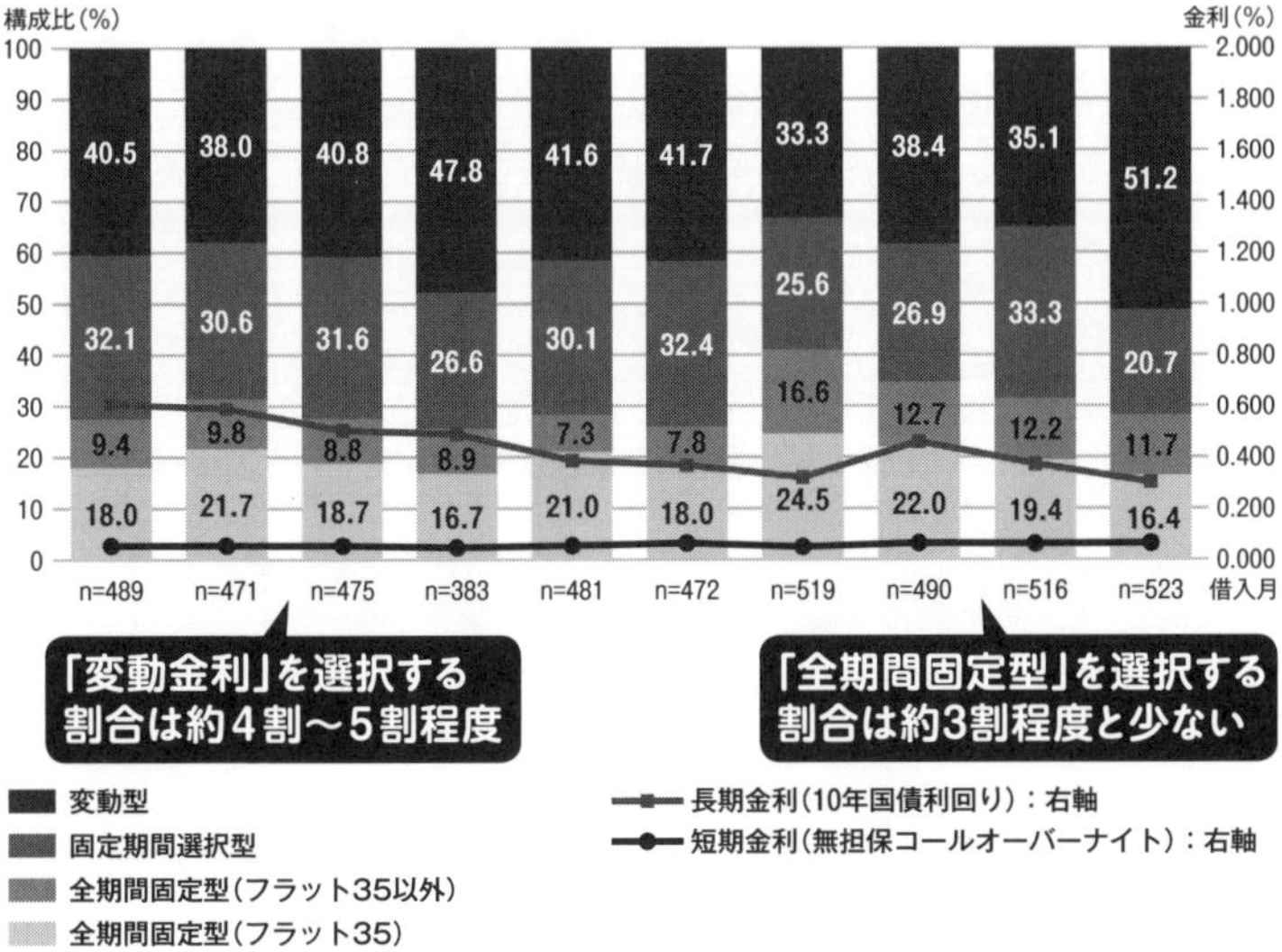

【構成比】

（単位：%）

		2014,3·4	2014,5·8	2014,7·8	2014,9·10	2014,9·10	2015,11·12	2015,3·4	2015,5·6	2015,7·8	2015,9·10
変動型		40.5	38.0	40.8	47.8	41.6	41.7	33.3	38.4	35.1	51.2
固定期間選択型	2年	1.2	1.7	0.6	2.1	1.0	1.1	0.8	1.0	1.7	1.0
	3年	3.5	2.3	4.2	1.3	4.4	2.3	2.5	3.1	2.5	2.7
	5年	7.4	6.4	9.7	4.7	6.7	9.3	7.7	5.3	7.0	3.8
	その他10年未満	1.2	3.4	1.5	1.0	2.7	1.5	1.0	2.4	5.0	1.1
	10年	14.5	13.6	11.8	14.6	12.9	14.6	9.6	11.2	13.6	10.1
	10年超	4.3	3.2	3.8	2.9	2.5	3.6	4.0	3.9	3.5	1.9
	計	32.1	30.6	31.6	26.6	30.1	32.4	25.6	26.9	33.3	20.7
全期間固定型	フラット35以外	9.4	9.8	8.8	8.9	7.3	7.8	16.6	12.7	12.2	11.7
	フラット35	18.0	21.7	18.7	16.7	21.0	18.0	24.5	22.0	19.4	16.4
	計	27.4	31.4	27.6	25.6	28.3	25.8	41.0	24.7	31.6	28.1

出典：住宅金融支援機構「住宅ローンの金利タイプ別利用状況」

さらに、全期間固定の場合は「フラット35」で借入をする人がやや多くなっています。

変動金利は短期プライムレートに連動。半年ごとに変動（見直し）する

その名のとおり、適用される金利が変動するのが変動金利ですが、毎月あるいは毎日のように変動しているわけではありません。借りた後の金利が変動するのは半年に1回、すなわち年2回です。**金利の基準となる「短期プライムレート（短プラ）」に連動するので、短プラの利率が変動しないかぎり、住宅ローンの変動金利も基本的に見直されません。**

図4－1の過去の短期プライムレートの変動推移（図4－1）をみると、近年ではあまり金利が変動していません。2009年1月からは1・475％のままで利率はまったく変わらず推移しています。変動金利といいながら、その実ほとんど変動していないというのが近年の変動金利の特徴なのです。

将来、金利がどんどん上昇した場合に、変動金利ではどうなるのか？

半年ごとに見直される変動金利ですが、金利が変動した場合には毎月の返済額もすぐに変わるということではありません。毎月の返済額は、5年間は変えないというルールがあります。金利は半年ごとに見直されますが、見直しによって金利が変わっても、その都度支払い金額が変わるというわけではないのです。

仮に将来、金利が大幅に上昇すると、月々の返済額が2倍にも3倍にもなるのかといえば、そこまでの増額はありません。例えば現在、月々の返済額が10万円だとすると、金利が大幅に上昇して返済額が見直された場合でも1・25倍の月12万5000円が上限とされます。これを「125％ルール」といいます。

ただし、125％ルールを適用しても金利がどんどん上昇した場合、月々の返済額の中で金利の割合だけが増え、その分、借り入れた元金（もともとの借金）の返済割合が少なくなってしまいます。つまり、元金を返済するスピードが遅くなることを知っておきましょう。

もし、125%ルールの範囲内で調整しきれないほど金利が上昇した場合にはどうなるのか？　その際には、5年が過ぎた時点以降で未払い利息として調整がされていき、それでも未払い利息の調整がしきれないときには住宅ローンの支払いが終わる最後の支払いのときに遅延分をすべて支払うことになります。

固定金利の「全期間固定方式」と「固定期間選択方式」の違い

変動金利が年に2回金利の見直しをされるのに対し、固定金利は金利が変わらないものです。固定金利には**「全期間固定方式」と「固定期間選択方式」があります。**

「全期間固定方式」は、借入期間の全期にわたって金利を固定する方式です。借入期間を35年とした場合には、35年間、全額返し終わるまで金利は変わりません。

「固定期間選択方式」は、一定期間について金利を変えない方式です。借入期間を35年としても、そのうち10年とか20年間だけ金利を固定するものです。この期間が過ぎた場合には、特に何も手続きをしなければ、自動で変動金利に移行して変動金利の利率が適用されます。

また、選択した固定期間が経過した後に、異なる期間の固定金利を選択することもできますが、その手続きには一定の事務手数料がかかります（自動で変動金利に移行した場合には事務手数料はかかりません）。

固定金利を選択した後で、途中から変動金利に変えることができるかというと、全期間固定型、固定期間選択型のどちらの場合も、固定すると約束した期間の途中から変動金利にすることはできません。

これに対して、変動金利を選択している場合には途中から固定金利にすることも可能です。ただし、その際には一定の事務手数料がかかります。

結局、固定金利と変動金利では、どちらが得なのか？

固定金利と変動金利、どちらを選択するべきか、誰しも悩むかと思います。住宅ローンは返済期間が長期にわたるので気になるところではありますが、どちらが得かという答えをはっきりと出せる人は世の中に誰一人としていません。また固定か変動かの選択は、単純に金額の損得だけではなく、ライフステージなどから総合的に判断するものです。

あえて、私の個人的な見解を述べさせていただくなら、この先、80年代のバブル期のような高金利時代が再びやってくる可能性は非常に低いと思っています。なぜなら、国の借金はすでに1000兆円を超えていて、国は社会保障関連の支払いだけでもせいいっぱいなのに、政策金利を1％上昇させると国債等の金利の上昇につながるため、そうなると追加で年間10兆円も多くの利息を払わねばならなくなるからです。金利が3～4％水準になれば利息も年間で30～40兆円となり、払い続けることはとてもできないでしょう。

つまり、国は、意図して金利を上げない政策を今後もとり続けるはずです（この点でいえば、マイナス金利政策は画期的です）。従って、**住宅ローンで変動金利を選択しても、大きく損をこうむるようなことはないと思われます。**

ただし、住宅ローン金利のみについての損得を考えるなら変動金利ですが、実際には教育、車、介護、保険、そして老後資金と、他にもお金がかかります。これらを計画的に考えていくためには、返済額が変わらない固定金利の方が良いと思います。

では、全期間固定型と、何年かの固定期間選択型（当初の10年間が固定でその後変動になるなど）のどちらを選ぶべきか。

私はこの場合「最も家計が厳しい時期を超えるまでの期間を、ひとつの目安としてはいかがでしょうか」と答えています。子供がいる家庭であれば、大学を卒業するまで固定金利にするなど、**各家庭の状況に合わせた固定期間選択型をお勧め**しています。

ローン保証会社の役割とローン保証料を支払う意味

ローン保証料はお金を借りる側が負担すべきもの？

住宅ローンを借りる際には、ローン保証料というものを金融機関に支払います。これは何のためにあるのでしょうか。端的にいえば、ローン保証料とはお金を貸す側、つまり金融機関のための保険料です。

お金を貸す側は、万一お金を返してもらえなくなった際には家を担保（抵当）として競売なりで売却し、その売却金額でお金を返してもらいます。ただ、特に銀行などは、あまり強行に売却するようなやり方を好まないので、他の会社（保証会社）にお願いをして、競売等を代行してもらっています。

実際には、お金を貸した銀行は保証会社から一括して残りの借金を返してもらい、

4-3 ローン保証料の金額

類型	借入期間	融資金額 100万円あたりの保証料
❶保証料 一括前払い型	25年	17,254円
	30年	19,137円
	35年	20,614円
❷保証料 金利上乗せ型	融資金利に年0.2%を加えた金利	

●3,000万円を金利1.5%で30年借りた場合の計算比較

① 保証料一括前払い型

19,137円/100万円 × 3,000万円 = **金574,110円**

② 保証料金利上乗せ型（適用金利1.7%）

1.5%時の返済利息　金7,272,982円
1.7%時の返済利息　金8,318,239円　　**差額　金1,045,257円**

↓

一般的には「① 一括前払い型」の方が得である

その後は保証会社が借り手から借金を取り立てることになります。このときの、いわば保証会社への前払い手数料がローン保証料なのです。

とすれば、ローン保証料とはお金を貸す側のためのものですので、本来であれば金融機関側が負担すべきものとも考えられますが、現実には、お金を借りる側がその保険料も負担しています。図4－3にもある通り、3000万円を借りた場合に、50万～100万円といったそれなりに大きい額になります。金融機関によってはローン保証料という名目ではなく、事務手数料というかたちで支払う場合もあります。

このような性質のお金なので、最近ではローン保証料を一括で支払わなくていいタイプの住宅ローンが出ています。ただ実際は、一括で支払う必要はなくとも、金利に0・2％程度のローン保証料分を含めて融資をする商品設計になっていることが多いので総額にすると一括支払いよりも損になります。一括払いするにせよ、しないにせよ、結局のところ、借り手が負担することに違いはありません。

団体信用生命保険で知っておくべきこと

住宅ローンを申し込むと、ほとんどの金融機関で団体信用生命保険への加入が必須になっています（フラット35は除く）。団体信用生命保険とは、略して「団信」とも呼ばれていて、住宅ローンの債務者（借りている人）が死亡した場合、その後に残った住宅ローンの支払いが全額免除になる生命保険です。

団体信用生命保険の特徴は、その名の通り団体扱い（住宅ローンの借入をする人たち全体）で加入するので、個人で同様の内容の保険に入るよりも掛金が割安なことです。また、掛け捨てなので貯蓄性はなく、加入にあたっては、加入者本人が健康であること、大きな病気やけがをしていないことが条件です。

死亡以外でも、一生涯、常時介護を必要とするような高度障害の場合にも、ローン支払いは免除されます。また、保険の加入から1年経過していれば自殺の場合でも保険が適用されます。

金融機関から借入する際には、団信に入れることが必須条件とされます。逆に言えば、**団信に加入できない健康状態であれば、住宅ローンを組めない**ことになります。

例えば、典型的な成人病の一つである糖尿病や高血圧症のために通院していて、直近3年間において2週間以上分の薬を処方されている……となると健康状態に問題があるとされてしまいます。その他にも該当する病名はさまざまありますので、持病等がある方は、住宅を探すときになるべく早い段階で金融機関に相談し、団信に加入できるかどうか審査してもらうようにしてください。もし**加入できない場合は、ローン自体を団信加入が条件ではない「フラット35」（次項参照）**にするということも考えられます。

健康状態の告知は自己申告ですが、医師への往診履歴などは保険会社にはバレないだろう、などと考えてはいけません。団信が適用される際には、保険会社は徹底した調査を行います。安易な気持ちで告知事項をすべて「問題なし」として住宅ローンを受けたために、後に、死亡や病気などで、いざ保険を申請したところ、不告知事項があったとして債務が免除されない、つまり住宅ローンの支払いが免除されないことが実際にあるようです。

もし団信が適用されなければ、残された家族に多大な苦労をかけてしまうことになります。告知書は決してごまかさずに正しく記入しなければなりません。また最近では、三大疾病保障や七大疾病保障など、さまざまな疾病保障が付いた団信保険がありますので、このようなタイプの保険商品も検討の余地があるでしょう。

フラット35融資の特徴

それでは、住宅金融支援機構の「フラット35」は、銀行等の住宅ローンとどう違うのでしょうか？

フラット35の主な特徴

- 扱われる金利は「全期間固定型金利」のみとする
- ローン保証料がかからず、保証人も別に必要としない
- 団体信用生命保険の加入は任意であるが、団信保険料はやや高額である
- 返済期間と同じ期間の火災保険に加入する必要がある
- 繰り上げ返済手数料はかからないが、返済金額は100万円以上から(店頭手続きで)
- 窓口になる金融機関によって、適用される金利や事務手数料が若干異なる
- 夫婦ペアローン(P162)の形式は使用できない

フラット35の融資でネックになるのは団体信用生命保険料です。銀行等が融資する住宅ローンであれば、団信保険料はもともと金利に上乗せされているので、別途保険料を支払う必要がありません。フラット35融資では団体信用生命保険は任意加入であり、高額になります。

左図に、支払い保険料の一例を掲載しました。借入金額3000万円であれば、フラット35の団信保険料は総額177万円にも上ります。

4-4 フラット35の団信は「任意」加入

● **機構団信特約料(フラット35の団信保険料)の一例**

借入金額3,000万円、返済期間30年、
借入金利1.56%の場合(元利均等、段階金利なし)

機構団信特約料の30年支払い総額　1,771,300円

単位：円

	特約料		特約料		特約料
1年目	107,300	11年目	76,900	21年目	40,500
2年目	105,000	12年目	73,500	22年目	36,500
3年目	102,000	13年目	70,000	23年目	32,500
4年目	99,100	14年目	66,600	24年目	28,400
5年目	96,000	15年目	63,000	25年目	24,300
6年目	93,000	16年目	59,400	26年目	20,000
7年目	89,900	17年目	55,700	27年目	15,800
8年目	86,700	18年目	52,000	28年目	11,400
9年目	83,500	19年目	48,200	29年目	7,000
10年目	80,200	20年目	44,400	30年目	2,500

金融機関により特約料は異なります

銀行等金融機関でローンを組む際には、団信保険への加入が必須とされています。それゆえ、疾病等で団信保険への加入ができない人が、フラット35を申し込むという流れになりやすいです。一部の不動産業者には、フラット35は団体信用生命保険に加入できない人、または銀行ローンを受けにくい自営業者の人に申し込みを勧めるという考えがあります。

しかし、団体信用生命保険に加入せず、他の生命保険などでも代替できないようであれば、マイホームの購入自体が相当なリスクとなります。団信に入れないなら、違う保険を検討しましょう。フラット35で融資を受ける場合も、保険料が高額だから保険には一切加入しないという選択はお勧めできません。

借り入れる金額と準備すべき資金の簡単な調べ方

今は低金利なので、会社勤めのサラリーマンであれば比較的容易に多額の住宅ローンが借りられる時代です。逆に、借り過ぎの危険性もあり、のちのち自己破産という目に合わないためにも、まずはきちんとシミュレーションをしてみましょう。

不動産総合サイトや無料アプリなどを利用して、希望する月額支払額からローンの借入がいくらできるかを計算してみます。

本書では、ファイナンシャルアカデミー（マネログ）が開設しているローン計算サイトを利用します。

この住宅ローン計算サイトは、「数値入力支援ボタン（右上の上下矢印のボタン）」と「ダイナミック機能（計算結果を逐一瞬時に表す機能）」により金額をどんどん変更していってもビジュアル的に計算結果が得られ、適切な借入金額を感覚的に掴みやすい点、そして、第3章で解説した「元金均等返済方式」と「元利均等返済方式」の計算結果の比較もしやすい点などからお勧めです。

返済シミュレーションをグラフで表すこともできれば、一番右にある「償還表」にチェックを入れると毎月の支払額や残債額を一覧で表示することもできます。

また、一番上の「＋」のタブをクリックすると、20件までシミュレーションして比較検討することも可能です。インターネットで「ローンヘルパー」と検索してみてください。

借入金額と準備できる頭金を足した金額が、購入物件の候補金額になります。この他に住宅を購入するにあたっては、第2章で解説した取得のための諸費用（仲介手数料、ローン保証料、登記料等）がかかりますが、一つひとつの項目をこと細かに計算すると煩雑になりますので、取得諸費用は図4－6の表②の「諸費用の概算割合」で掴んでください。

年収からみた銀行ローン借入金額の計算方法

金融機関が使っている審査金利についてもぜひ知っておいてください。「審査金利」とは、金利が上昇した場合にもきちんと返済できるかどうかを審査するための高めの金利です。

審査金利の設定利率は各金融機関等によっても異なりますが、3～4％程度を使用するところが多いようなので、シミュレーションでは開始金利を「3・5％」と設定してください。なお、設定する借入期間は75歳（金融機関によっては80歳）からあなたの年齢（35歳1か月であれば繰り上げて36歳で計算）を引き算した期間で、最長が35年です。そして、ローンヘルパー入力画面の「年収比率」の数値が、図4－6の「あなたの年収」の参照項の比率に収まることが基本的な審査要件となります。ただし、年収階層と年収比率の構成は金融機関によって若干異なるため、あくまでも一般的な基準と考えてください。

ボーナス払い併用時の計算方法

ボーナス月の支払いを多く設定するには、「その内のボーナス分」の額を上げていきます。すると「ボーナス加算」(年2回のボーナス払い月についての支払い加算額）が増えていきます。この「ボーナス加算」で算出されている額は、あくまで加算額であり、毎月支払い分にボーナス加算額を足した金額が、ボーナス月の支払額になります。

【ボーナス加算によるボーナス返済月の支払額】

ボーナス加算月の返済額＝毎月返済額＋ボーナス加算額

※ボーナス月は毎月額にボーナス加算の額を足した額を払わねばなりません

●準備すべき自己資金額の計算

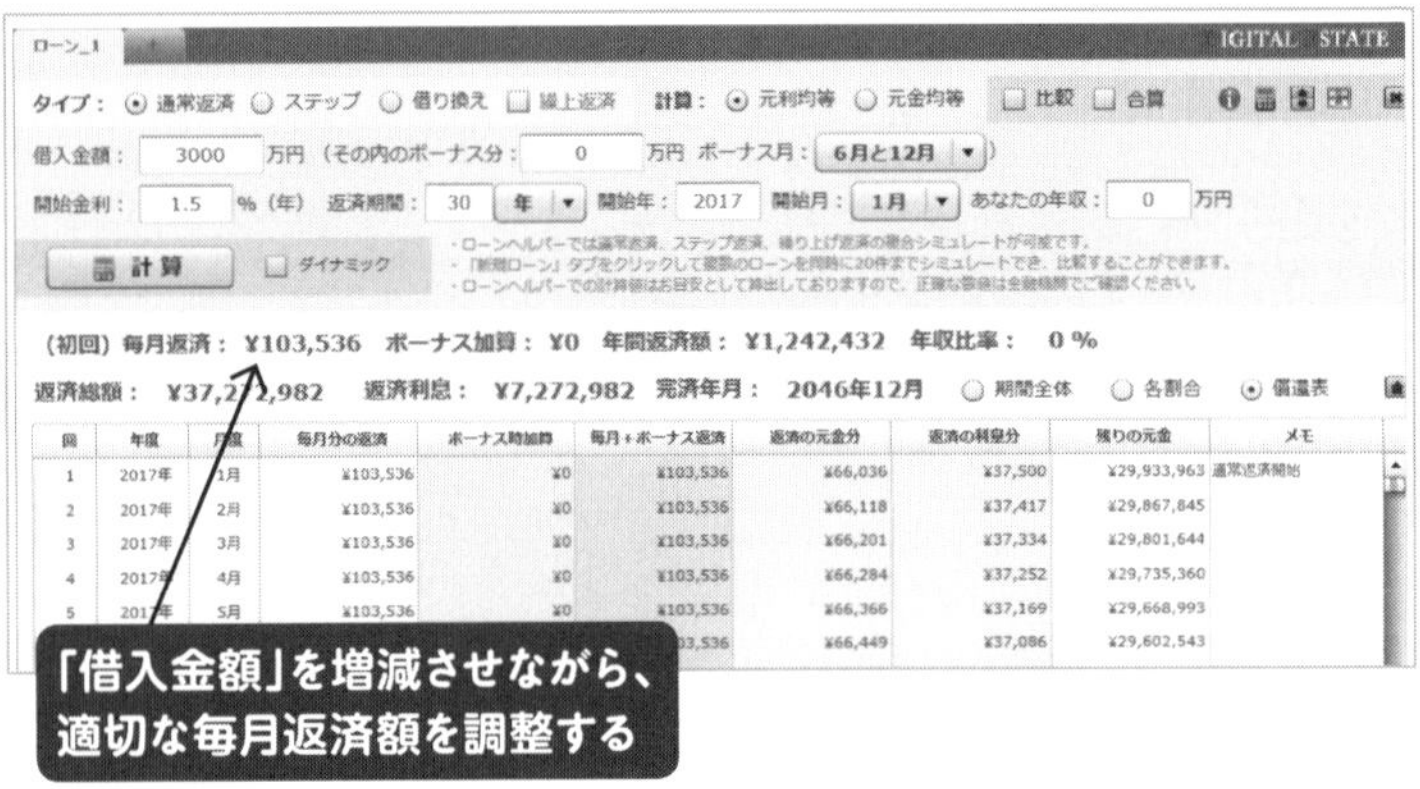

❶ 物件価格の定め方

借入金額＋準備できる頭金＝購入物件価格

❷ 準備すべき自己資金額の定め方

<table>
<tr><th>物件の4分類</th><th>別途諸費用の概算割合</th></tr>
<tr><td>新築戸建て</td><td rowspan="2">購入物件価格の９％が目安</td></tr>
<tr><td>中古戸建て</td></tr>
<tr><td>中古マンション</td><td rowspan="2">購入物件価格の７％が目安</td></tr>
<tr><td>新築マンション</td></tr>
</table>

準備できる頭金＋購入物件価格×別途諸費用の概算割合
＝準備すべき自己資金額

4-5 住宅ローンのシミュレーションサイト例

●「ローンヘルパー」で検索

❶タイプ……「通常返済」にチェックしたまま、
計算……「元利均等」にチェックしたまま

❷借入金額……**3,000万円**（または任意の借入金額を入力）

❸その内のボーナス分……0万円のまま

❹開始金利……**1.5%**（または任意の金利を入力）

❺返済期間……**30年**（または任意の返済期間を入力）

❻開始年……そのまま

❼あなたの年収……**500万円**（またはあなたの年収金額を入力）

❽「ダイナミック」にチェック
（項目入力ごとに瞬時に計算がされるようになる）

❾真ん中あたりの「年単位」にチェックすると下記のようなグラフとなる

❿さらに、一番右の「償還表」にチェックすると、
毎月支払い額の償還表になる

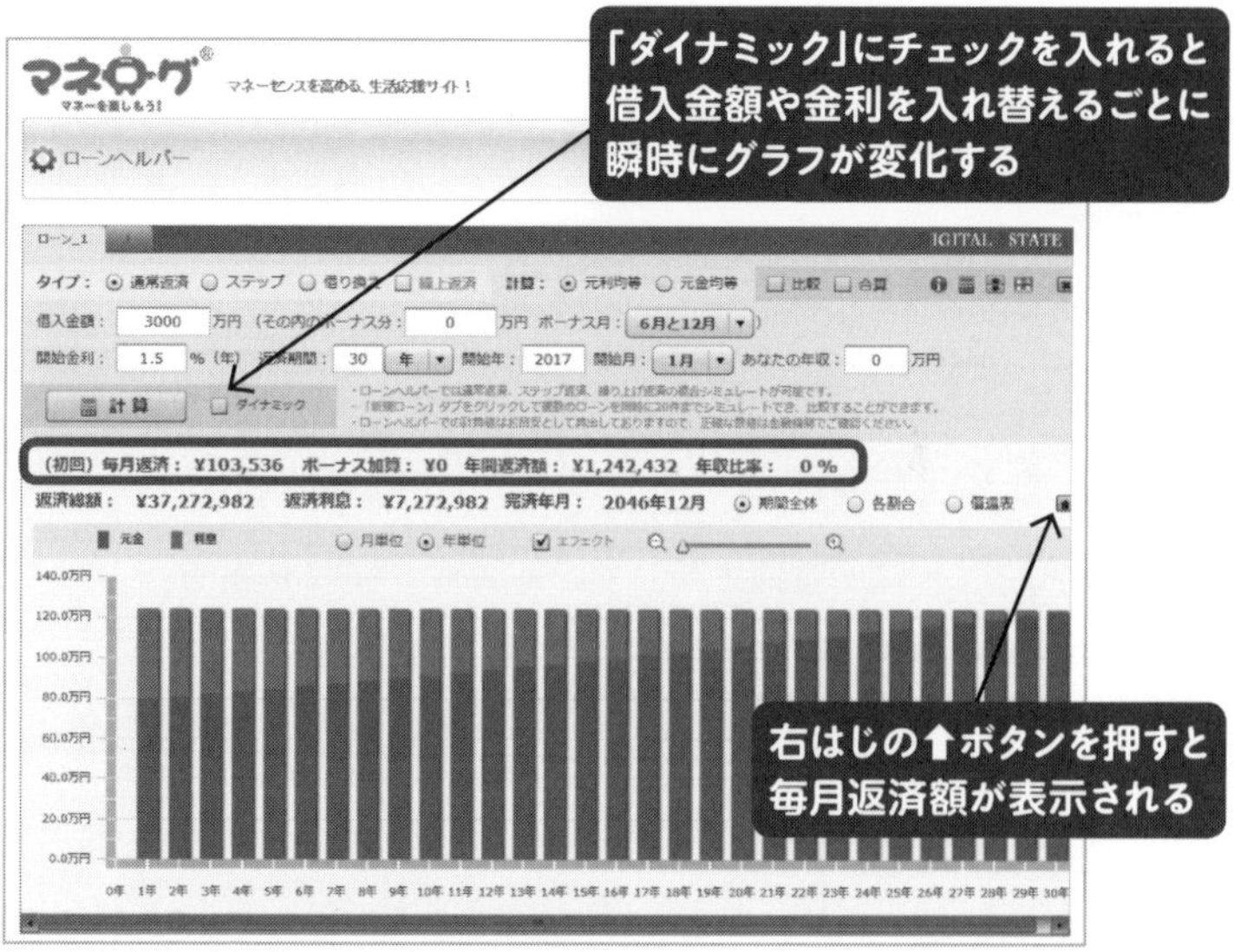

4-6 どのくらい借入できるかがシミュレーションで分かる

●金融機関の審査金利と年収比率からの借入上限金額の計算

❶ 審査金利は通常では「3.5%」程度で設定される

❷ 借入期間は年齢から引き算をする

75歳（※）－あなたの年齢＝借入可能期間（最長35年）

※金融機関により80歳まで

❸「年収比率」はあなたの年収層において年収比率を満たすよう「借入金額」を増減させる

あなたの年収	年収比率
300万円未満	25%以下
300万円以上400万円未満	30%以下
400万円以上700万円未満	35%以下
700万円以上	40%以下

年収が500万円であれば、
借入金額を3,240万円に設定したとき年収比率が35.0%となる

注）審査金利や年収比率条件の各数値は金融機関ごとに異なります

収入合算による銀行ローン借入金額の計算方法

「収入合算」とは、主に配偶者の年収も合算することで、年収とみなされる金額を増やしてローンの借入上限金額を調整するためのものです。また、配偶者に一定の収入があることをローン申込書に記載して、借入審査にプラスに影響させる意図もあります。通常、収入合算できる金額は配偶者の年収の半分までとされています（夫婦ともに安定した収入が見込まれる場合には、後で説明する「夫婦ペアローン」を利用するという手もあります）。

もし収入合算を検討していたとしても、物件を選び始めるときに、収入合算した上限額まで購入対象の物件価格を引き上げることは避けましょう。あくまで、審査基準にわずかに足りない場合にだけ収入合算を利用するようにします。

配偶者の収入と収入合算した場合には、配偶者も住宅ローンの「連帯保証人」として支払い責任を負うことになります。

借入の名義人が死亡したなどの場合には、団信が適用されて、ローンの支払いは免除になりますが、**けがや病気で支払いができない場合には、連帯債務者である配偶者が代わりに返済**しなければなりません。

また、この連帯保証人の立場では、パート収入についての住宅ローン控除も適用されません。

逆に、連帯保証人である配偶者が死亡等した場合には団信保険が適用されないので、主たる債務者はその後もローンを払い続ける必要があります。

夫婦ペアローンによる銀行ローン借入

夫婦が共に正規雇用の形態で勤務している場合に有効な制度が、「夫婦ペアローン」です。夫婦で別々に住宅ローンを申し込み、それぞれの収入に応じて住宅ローンを組むイメージです。そして、互いの借入について相互に連帯保証人の関係になります。

収入合算との違いは、収入合算は配偶者の収入を一部合算する補助的なものですが、

夫婦ペアローンはメインの住宅ローンを2本別々に組むことになり、希望する物件を購入しやすくなります。

夫婦ペアローンでは、それぞれが互いの借入に対する連帯保証人となり、夫婦どちらかが返済できなくなった際、代わりに配偶者分のローンも支払う責任を負います。また、団体信用生命保険は、それぞれが加入するので、配偶者が死亡したなどの場合には、全額免除ではなく配偶者分だけが免除され、自分の借入分の支払いのみを継続することになります。

夫婦ペアローンで組む**メリットは、互いの収入に対して住宅ローン控除を受けられることです。デメリットは、ローンの事務手数料を2本分支払わなければいけないことです。**

「一部繰り上げ返済」と「借り換え」の基本的な考え方

一部繰り上げ返済のポイント

住宅ローンの支払い期間を少しでも短くするためにも、通常はできるかぎり繰り上げ返済をするのが鉄則です。

とはいえ、繰り上げ返済をしすぎたために手元資金が苦しくなり、急なお金の手当に窮することもあるので、常に一定の手元資金を確保しておくことは言うまでもありません。

ここでは、繰り上げ返済の基本的な考え方と、金利が大きく変動した場合の借り換えについて、注意点をお伝えします。

繰り上げ返済には、毎月の支払金額を少なくする方法（支払額減額型）と、毎月の支払金額はそのままで返済期間を短くする方法（返済期間短縮型）の2つがあります。

どちらも繰り上げ返済をすることで、これから支払うべき金利の一部を減らす効果があります。どちらの方法にするかは、家計の状況に照らし合わせて選びますが、**余分な利息を減らせて金銭的に得なのは「返済期間短縮型」です。**早く完済できる分、支払う金利が少なくなるからです。

以前は、繰り上げ返済するにはその都度事務手数料を支払う必要があったため、少額ずつ繰り上げ返済を行うとその分手数料がかかり、かえって損をすることもありました。現在は、ネット上で手続きをすれば繰り上げ返済手数料がかからない、もしくは安価になる住宅ローンが多いです。

よく受ける質問で、ちょこちょこ繰り上げと一括繰り上げはどちらが有利か？というものがありますが、結論を言えば、ちょこちょこ繰り上げの方が早め早めに返済をすることになり、支払うべき金利を減らす効果が高くなります。ただし、これは繰り上げ返済手数料が一切かからないものとした場合です。手数料が高額の場合は、まとめて支払いをした方がお得でしょう。

繰り上げ返済をする上で注意したいのは、住宅ローン控除との関係です。

・年末時点にローン残高が高い方が住宅ローン控除額も多くなるため、繰り上げ返済は年末ではなく年初に行う

・期間短縮型の繰り上げ返済をして返済期間が10年未満となると、住宅ローン控除を受けられなくなる

借り換えのポイント

住宅ローンを返済している途中で、各金融機関のローン金利が大幅に下落してきた場合には、他の金融機関へのローンの借り換えを検討してみます。

ただし、借り換えを行うには、現在の金融機関等に対する事務手数料の他、借り換え先の金融機関等への事務手数料、新たな融資保証料及び保証手数料、登記料など、ある程度まとまった諸費用がかかるので、この諸費用分を差し引いても借り換えのメリットがあるかどうかがポイントです。

とても大まかですが、現在の返済金利よりも約1%程度低い金利水準であれば、借り換えを検討する余地があります。

- 借り換え時の諸費用（登記費用等含む）は、借り換え元本額の2～3％程度で概算する
- 複数機関に借り換えを相談し、金利及び手数料、保証料等を総合的に比較する
- 借り換え内定が出たら改めて今現在、取引している金融機関等にも、金利を下げてもらえるように交渉する。そのまま同じ銀行であれば多額の借り換え諸費用は不要となる（他の金融機関の内定を取っていた方が交渉に有利）

他にローン（借金）があることを告げずに契約すると違約扱いになることも

一般の人が住宅を購入する売買契約をした場合、「融資特約」あるいは「ローン特約」という契約条項があります。万一、住宅ローンの審査が通らなかった場合には消費者保護の観点から、不動産の売買契約自体を白紙解約できるというものです。初めから

契約がされなかった状態に戻され、手付金など売主に渡した金銭もすべて買主に返還されます。

この特約をよく知っている人の中には、今あるローン（借金）を申告しないで住宅を買う契約をする人がいます。

しかし、金融機関でその他のローンがあることがバレて住宅ローン審査が通らなかった場合、このローン特約が適用されないことがあります。その場合、状況にもよりますが、売主には、買主からきちんと財務状況を申告されなかったことを理由に違約金を請求する権利があります。そして契約違反による違約金は、通常、物件契約価格の20％に相当する多額なものです。例えば４０００万円の物件であれば８００万円にもなります。

カードローンや教育ローン、マイカーローンなど、さまざまなローンを組まれている方もいると思います。ローンの詳細など知られたくないからと、不動産の仲介業者や売主に他のローンがあることを告げずに住宅の購入契約を結んでしまうと、売買契約違反に問われることもあるので注意してください。

これは銀行の住宅ローン融資担当者から聞いた話ですが、過去に、住宅の売買契約を結んだ後に気が変わって契約をなかったことにしたいと考え、銀行の担当者に「ローン審査が下りなかったことにしてほしい」と頼み込んできた人がいたそうです。まさに売買契約の融資特約を逆手にとった行動ですが、このような意向に金融機関側も同意した場合には、金融機関側も買主も、そろって売主から訴えられる恐れがあります。

ちなみに私も、住宅の売買契約をなかったことにしたいという相談を受けたことがあります。新築戸建て（いわゆる建売）の売買契約をした後、その建売会社の営業担当者の態度などが気に入らず、売買契約を白紙にする方法はないかという相談でした。相手方が契約履行の着手前であれば、支払った手付金の放棄によって（つまりお金は戻ってきませんが）売買契約の解除は可能です。けれど、手付金まで返還してもらえるような白紙解約の仕方というのはクーリング・オフなどの場合を除けば、通常ありません。

Column

子供世帯から住宅購入資金を融通してほしいと言われたら

以前、住宅購入資金の贈与を考えている親御さんから、以下のような相談を受けたことがありました。

「私たちが資金を一部提供して子供世帯に住宅購入をさせてしまうと、将来にわたってずっとローンの返済に苦労するかもしれず、そう思うと援助に踏み切れない」というものでした。

住宅ローンの返済が滞る世帯も少なからずある昨今では、親御さん方がこのような不安を感じることもあることと思います。子供世帯にマイホームを保有させたいと願う一方で、長期に及ぶ多額のローンを組ませることは心配と感じるのはよく分かります。

その親御さんへ私は、以下のようにアドバイスしました。

「子供さん家族が多額の住宅ローンを組むことにご不安があるのであれば、子供さん世帯が本来買える住宅価格に対する頭金にのみ資金提供をし、その分、住宅ローンを減らしなさいと念を押すべきです」

というものです。

つまり、毎月返済額からみた本人たちが購入できる住宅の適正価格が4000万円である場合、親御さんから700万円の贈与を受けて4700万円の住宅を購入するのではなく、その700万円は全額頭金にして、住宅ローンを3300万円に減らすということです。そうなれば、私が第1章、第3章でお伝えしてきた、売却額が買い値を上回りやすくなる「資産性の保てるマイホーム」になるわけです。

頭金は、住宅が負債になるリスクを減らす要素となります。親世代の資金は、住宅ローンの額を少しでも減らすための頭金に充てるべきだと考えます。

第5章

損しない物件を紹介してもらうための、不動産業者との賢い付き合い方

不動産仲介業者の見分け方、付き合い方

いい買い物ができるかどうかは、営業マン次第

家を買うとき、ほとんどの人が不動産仲介業者とやりとりをするのではないでしょうか。

通常、物件を買うときには、不動産仲介業者が売り主との間に立ってその物件の内見や書類作成、気になることなどをいろいろとケアしてくれます。そして、この営業マンの腕の良し悪しで、いい買い物ができるかどうかの8割以上が決まるといっても言い過ぎではありません。

例外として、大規模な新築マンションの場合は、モデルルームを見学して、そのマンションを建設したディベロッパーから直接購入します。

しかし、それ以外の新築戸建てや中古の戸建て、中古マンションを探すなら、いい物件と出会うためには、いい営業マンとのコミュニケーションが欠かせないのです。

不動産業界の営業マンたちの給料は歩合制も多く、なかには完全歩合制（＝フルコミッション）の会社もあるので、実力主義といえます。転職や離職も多く過酷な業界ではありますが、できる営業マンは成約率も多いため、長く働いているケースもあります。

この章では、不動産業界の常識、また仕組みをご説明します。そのうえで、できる営業マンとできない営業マンを見きわめて、「いい物件」「掘り出し物」を購入する方法をご紹介します。

自分の「相場観」を身に付ける

信頼できると思える不動産業者を見つけるためにはどうしたらいいでしょうか。

まずは、不動産業界に付き合いがある知り合いから業者を紹介してもらうことです。

ただ、不動産業者には得意とする地域があります。千葉県でも○○線沿線、神奈川県でも県央エリアなど、いろいろです。口頭で尋ねても「そのエリアも弊社でご紹介できますよ」と言うでしょう。しかし、やはり希望のエリアを得意とする不動産業者の方が、土地勘もありますし、地場の不動産会社とつながっていることも多いため、掘り出し物が出てくる可能性があります。

ですから、最初に不動産会社のホームページをチェックして、傾向をつかみましょう。「得意とする地域・エリア」が、あまりにも広く記されているなら、得意といっても物件の紹介が一応できるだけという可能性もあります。

いちばん現実的なのは、知り合いから紹介された不動産業者にもお願いしつつ、エリアを絞って別の地元業者をあわせて探すという方法ではないかと思います。

無能な不動産営業マンは、さまざまな物件情報に対してあまり敏感ではありません。お客様から希望条件を聞いて物件情報を検索しますが、検索して出てきた物件をそのまま紹介します。その中には、売れ残り物件も混ざっていたりします。

対して、有能な営業マンは、売れ残り物件がどれであるかをきちんと見分けられるので、あなたに売れ残りを無造作に紹介することなどしません。

売れ残り物件は、物件情報の更新を怠っているような不動産業者のホームページにも長く掲載されていることが多いので、一般の方でもある程度調べられます。

ですから、初めから不動産業者に物件の紹介をお願いするのではなく、まずは自分である程度の物件情報を収集しておくと、売れ残り物件を押し付けられずにすむでしょう。

できれば、いくつか物件の下見を自力でしてみるのもおすすめです。ネットの情報には、詳細な住所まで載っていなかったり、地図上にポイントされている場所が不正確なこともありますが、そこはできるだけ推測して物件の場所を見つけてみてください。

そして、自分で情報を収集し、物件の下見をするうちに、少しずつ「相場観」が身に付きます。ここでいう相場観とは、いわゆるプロが有するようなものではありません。**実際にチェックした物件と、その販売価格を突き合わせて、自分にとって高いのかほぼ適正なのか、高いのであればいくらなら買ってもいいかという感覚のこと**です。この物件はお買い得なのかどうかを判断するための価値観といってもいいと思います。不動産の相場観を付けることは、いい住宅と巡り合うための必須要件ではないかと私

5-1 いい買物ができるかは、営業マン次第

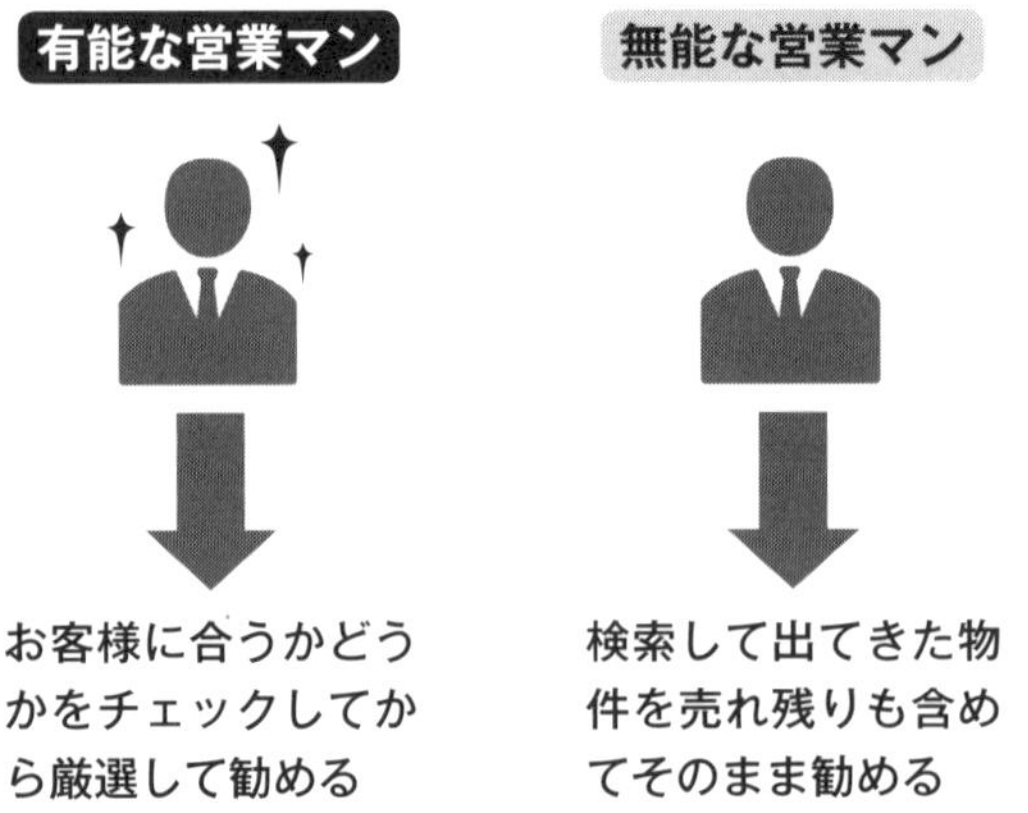
有能な営業マン
無能な営業マン
お客様に合うかどうかをチェックしてから厳選して勧める
検索して出てきた物件を売れ残りも含めてそのまま勧める

は考えています。

また、不動産会社と同様、営業マンによっても、得意とするエリアが異なってきます。会社から担当エリアを割り当てられている場合もあります。営業マンが地域の実情をよく知っているかどうかを見きわめる基本は、学校や役所、病院、スーパー、コンビニ等生活関連施設、山坂の地勢、信号や横断歩道の場所までこと細かく聞いてみることです。

住宅と地域との関係性はとても重要なので、その地域をよく知る不動産業者と付き合う方が安心です。**物件の情報量だけではなく、「この人は、この物件を欲しがる」という顧客の好みと物件を結びつけるマッチング能力こそ問われるべき**ものなのです。

こんな不動産業者には要注意

信頼できない不動産業者の判別ポイント

仕事で採用や人事を担当したことがある人なら分かると思いますが、人の信用度を見分けるのは想像以上に大変で、外見の印象と中身がまったく違うということも多いものです。

あくまで私の経験則からですが、不動産業者または営業マンとして信頼できるかどかを見分ける具体例を紹介します。以下は「信頼できない」と考えられる判別ポイントです。

・**物件について「既に成約しました」「商談中でご紹介できない」と言うことが多い**

・見たい物件ではなく「お勧め物件はこちらです」と他の物件を紹介したがる
・アンケートなどの顧客用紙を差し出し、いきなり年収を書き込ませたがる
・「中古よりも新築が絶対お勧め」と一方的に勧めたがる
・物件を案内する車の車内が汚く、運転も雑である
・会社のホームページをみると完全歩合制（フルコミッション）の給与体系になっている
・他の営業マン担当の顧客に対して愛想のない社員が多い

チラシや雑誌、ウェブなどでめぼしいと思った物件について、問い合わせをすると「一度ご来社ください」と言われてその不動産業者へ出向くことがあると思います。そのときに、「既に成約してしまった」と言われて「弊社がお勧めする物件はむしろこちらです」と、他の物件を紹介したがるのは信頼できない業者の典型です。チラシなどに載っている魅力的な物件は「釣り物件」であり、結局のところ、その物件に食いついてきたお客にその会社にとって都合の良い物件を勧めるからです。

また、希望する物件の条件を伝えるのと同時に、早い段階から「年収」を聞き出し

たがる態度にも要注意です。物件の良し悪しよりも、まず住宅ローンが組める最大限の金額から逆算して、物件をあてがう傾向があるため、後々、住宅ローンの支払いに苦労することになりかねません。

他に、中古より新築を勧めたがるには理由があります。後ほど詳しく説明しますが、新築の方が「両手手数料」が取れるので、手数料収入が多くなるからです。

ちなみに、身だしなみもチェックポイントの一つではありますが、私の経験からは、多少スーツが型崩れしている、あるいは髪型が乱れているような営業マンでも、物件情報や地域の実情をよく知っている人は多くいました。逆に、靴はピカピカ、スーツはきちっと小奇麗で時計はブランド物という営業マンは話し上手な人が多く、思わず聞き入ってしまいがちなのですが、その分、相手の思惑に乗りやすく、都合のよい物件に誘導されていた…となることもあるので注意しましょう。身なりよりも、車の清潔さや運転の仕方などの方が、判断しやすいと思います。

そして、もう一点、給与体系が、営業マン各自の売上業績に伴う歩合になっている会社も少なくありません。中でも、成約がないと、その月は給与がもらえない……というような完全歩合制（フルコミッション）の場合は、お客様の満足度よりは、成約することを目標とするケースが多いのです。

また、営業ノルマを競い合わせるような会社は、営業マンが「売上を競いあうライバル」ですから、他の営業マンの顧客に対しては愛想がないことが多々あるのです。

完全歩合制に従事するすべての営業マンが売り上げ一辺倒であるとはいいませんが、基本的な考え方を知っておくと、都合のよいお客とならずにすむと思います。

経験の長さが分かる不動産業免許の更新番号

不動産業者の店舗へ行くと、入り口付近に「不動産業免許証」が掲げられているはずです。

この不動産業免許証の更新番号に注目してみてください。

免許番号「(1)」と書かれた数字が更新番号です。「(1)」は不動産業免許を取得して5年未満、「(2)」は免許を取得して5年以上経過していることを示しています。不動産業の免許は5年更新です（平成8年3月以前は3年毎の更新）。ゆえに、**この数字の数が多いほど業務を行ってきた年数が長く、それだけ経験も長いということです。**

5-2 不動産業免許証の更新番号の意味

宅地建物取引業者票	
免許番号	東京都（1）第000000号
免許有効期間	平成00年0月00日 から 平成00年0月00日 まで
商号又は名称	株式会社 神宮前不動産
代表者氏名	代表取締役 原宿 太郎
この事務所に置かれている専任の取引主任者の氏名	渋谷 三郎
主たる事務所の所在地	東京都渋谷区神宮前一丁目0番0号 電話 03(0000)0000

仲介業者 → **更新番号はあまり指標にならない**

分譲業者 → **一般に更新番号は多い方が良い**

数字の大小のみで信用力は計れないのですが、ひとつの指標として、仲介業者と売主である分譲開発業者では、上記のように更新番号の捉え方がやや異なることに注意してください。

物件を探してもらう「仲介」を依頼する場合には、更新数字の大小はあまり指標にはなりません。免許番号の数字が大きければ業務経験が長く、小さければ業績がまだ少ないなりに商売し始めの丁寧な仕事を期待できるとも考えられます。

分譲業を行う「売主」開発業者であれば、長年経営をしてきた実績面に鑑みて更新番号が多い方が望ましいといえます。更新番号が新規参入を表す「(1)」の場合は、購入契約をする前に経営方針や財務面などをチェックしましょう。

もし、不動産開発業者から「新築戸建て」や「新築マンション」、または「リフォーム済み中古住宅」を購入するならば、必ず免許の更新番号を確認しましょう。開発業者は、銀行等金融機関からある程度の融資が受けられれば、比較的容易に新規参入できる業態なのです。それゆえ、短期のうちに倒産する企業も少なくありません。

但し、判断材料となるはずの、不動産業免許の数字ですが、実は、更新番号は会社の営業譲渡等によりお金で簡単に買えるため、更新番号を旧会社から引き継いでいることもあります。

新築を購入する際には、会社の経歴も気にとめてください。

仲介手数料の成り立ちを知る

不動産仲介業者は手数料で稼いでいる

不動産業者の収益の成り立ちについても知っておきたいところです。売買が成立したあかつきに、業者はどのように報酬を受け取っているのかということです。

家の購入が決まったときに、不動産仲介業者に支払う手数料を「仲介手数料」といいます。この額は法律で決められていて、家を購入する場合、上限は物件価格の3％＋6万円になります。上限金額を超える仲介手数料を請求することは法律で禁じられており、違反すれば罰則もあります。

ちなみに、仲介手数料はあくまで成功報酬なので、契約が成立しなかった場合には

5-3 不動産売買の仲介手数料（消費税抜きの価格）

不動産の売買価格	手数料の上限
200万円以下	5%
200万円超400万円以下	4%＋2万円
400万円超	3%＋6万円

支払う必要がありません。そして、この手数料は売主側も、購入側も、それぞれが3％＋6万円を支払います。

実は、物件によって不動産業者が受け取ることのできる仲介手数料が大幅に違ってきます。「片手手数料」と「両手手数料」の違いです。

Aさんが自宅を3500万円で売りたいと考え、不動産業者である□□住宅販売に売却依頼をするとします。

一方、家を買いたいと考えているあなたは△△エステートに、物件を探してほしいと頼んだとします。あなたは△△エステートから、Aさんが売却しようとしている家を紹介され、気に入って購入することにしました。

このとき、Aさんから依頼を受けた□□住宅販売は仲介手数料として約120万円を受け取ります。他方で、あなたが頼んだ△△エステートは、買主であるあなたから約120万円を受け取ります。この場合、双方の業者

5-4 仲介手数料の仕組み

●不動産の売買契約における仲介手数料のやりとり

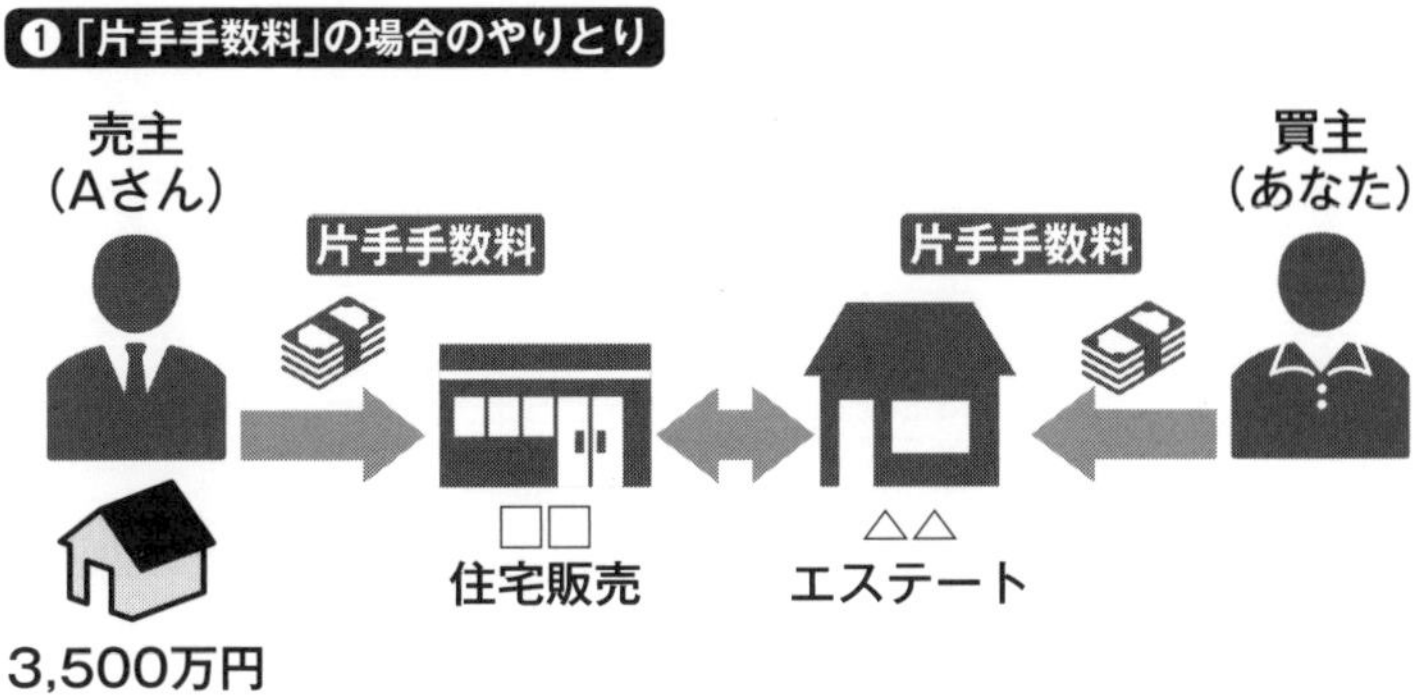

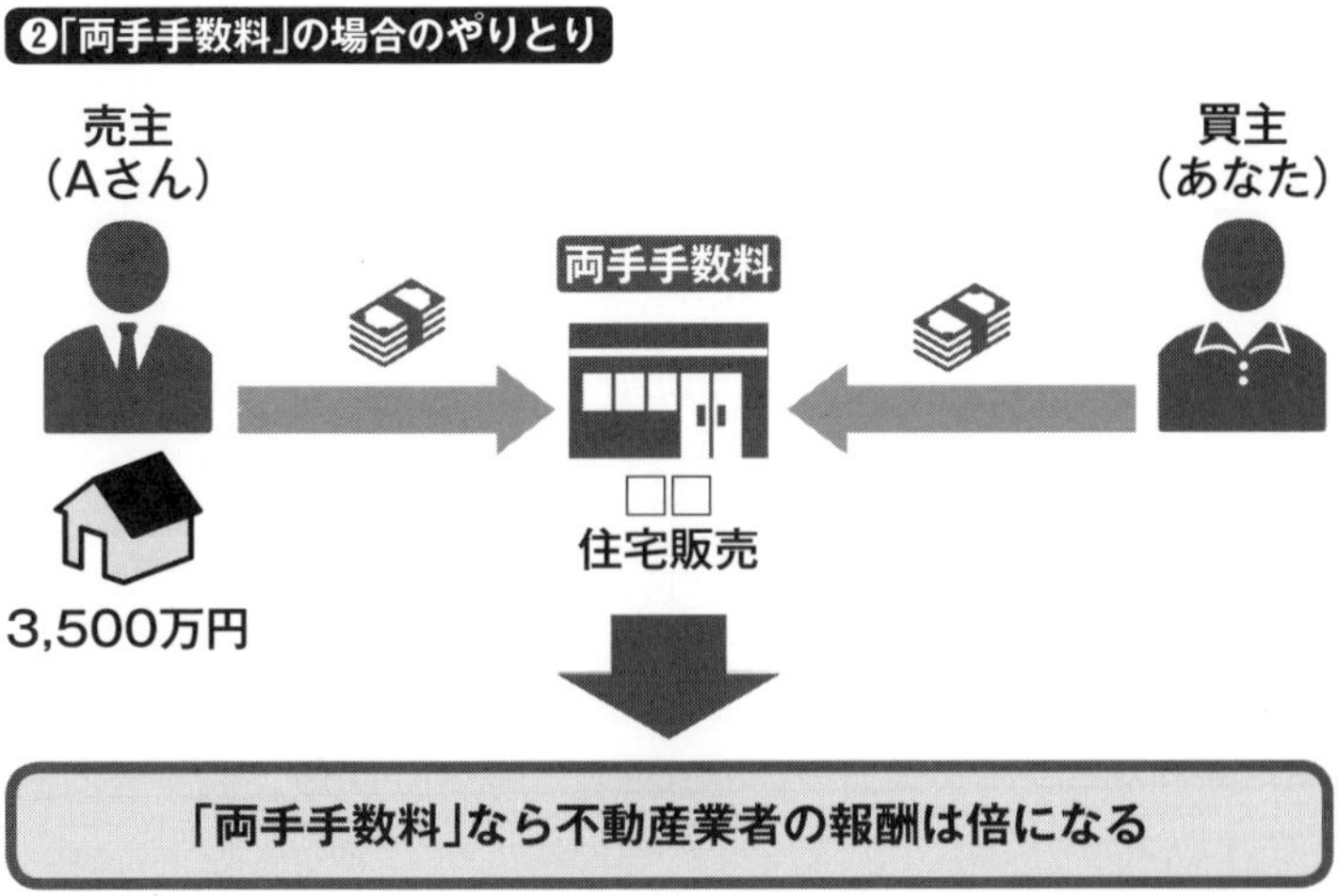

が「片手手数料」を受け取っています。

ところが、もし、あなたが家を探してほしいと依頼をした会社が、□□住宅販売であったならば、□□住宅販売は、家の売主Aさんと、買主であるあなたの両方から、それぞれ仲介手数料約111万円をもらうことができます。つまり、受け取れる仲介手数料は一気に倍の約222万円となり、これを「両手手数料」といいます。このような両手手数料を不動産業者が受け取ることは、法律に何ら違反するものではありません。

ですから、不動産仲介業者は、二重に手数料を受け取れる両手手数料を狙うのです。

「新築戸建て」は両手手数料を取りやすい

家を買いたいと考え始めたとき、多くの人は、初めから新築戸建てのみ、中古マンションのみなどと限定して探すわけではなく、さまざまな物件を実際に見て比較しつつ、それらのメリットとデメリットを考慮しながら探したいと思うのではないでしょうか。

そうした買う側の立場から考えれば、いろいろなタイプの物件を織り交ぜながら、自分たちの要望に適した住まいを紹介してくれる不動産業者が理想的です。しかし、**業者側の立場で考えてみると、最も確実に両手手数料がとれるのは新築戸建てです。**会社の利益のみを第一に考える業者であれば、両手手数料となる新築物件を中心に紹介するわけです。

新築戸建てが両手手数料となるのは絶対ではなく、あくまでその確率が高いということですが、もし、担当の営業マンがあなたの希望に反して新築戸建てばかりを勧めるようなら、その営業マンとは距離を置く方が賢明でしょう。

「中古戸建て」と「中古マンション」をあまり売り込まない理由

ではなぜ、「新築戸建て」の場合のみ両手手数料になるのでしょうか。それは、売主が一般の人か不動産業者かの違いによります。

例えば、一般の人が今住んでいる、あるいは持て余している住宅を売るには、不動産業者に売却依頼をして、商業広告などを通じて買主を広く探してもらうことになります。このように、中古の戸建てやマンションでは、売主が売却するために頼んでいる業者がいるので、その結果、買い手が依頼した業者が受け取れるのは片手手数料となります（ただ、あなたが家を探してほしいと頼んだ業者が、たまたま売主から中古戸建てや中古マンションの売却依頼を受けていた場合、それをあなたに買ってもらえれば両手手数料となります）。

対して、「新築戸建て」の売主は分譲を行う開発業者です。お客さんに不動産を紹介する仲介業者は、開発業者と直接取引ができるので、**新築戸建ての場合は、お客さんからもらう手数料と売主である開発業者からの手数料を合わせた両手手数料を得やすくなります。**

また実際、多少傷んだ中古住宅よりも新築の方がきれいで印象がよく、保証面においても勧めやすいという理由もあります。

営業マンが「新築マンション」を紹介したがらない理由

新築マンションの場合は販売構造がやや複雑です。

大手のマンションデベロッパー（開発業者）は大々的に広告宣伝を行い、モデルルームを設置して直接買主を呼び込みます。その大手デベロッパーの社員が販売活動をすることは少なく、自社系列の不動産仲介業者、あるいは、マンション用地を紹介した経緯などから他の不動産仲介業者に販売を委託しています。ですから、売主側の仲介業者はすでに決まっている状態です。

つまり、売主側の業者から買主に紹介した場合、その業者が受け取れるのは、購入（買主）側の片手手数料のみになります。

ただし例外として、販売状況が悪いマンションであれば、「こちら（売主）側の仲介手数料も支払うから積極的に物件を紹介してくれ」と不動産仲介業者に頼む場合もあります。この場合、成約できた仲介業者は両手手数料を受け取ります。

このように、新築マンションでは、物件によって両手手数料になるものと片手手数料になるものとがあります。ですから仲介業者としても、お客さんに対して「この（両手手数料がもらえる）新築マンションは紹介できるが、あちらの新築マンションは（片手手数料なので）紹介したくありません」などと言うわけにはいかないので、両手手数料を狙う業者であれば、初めから新築マンション自体を紹介しないのです。

中古住宅を本命と考えているなら

あなたが価格面などから考えて、「中古住宅」を中心に探しているとします。

その場合、あらかじめ不動産営業マンに中古住宅重視の考えを強く伝えておかないと、紹介される中古住宅は、単に新築のよさを引き立てるための物件である可能性もあります。

業者は、「まわし物件」や「あてブツ」とも言われる、質の劣る中古物件を意図的に紹介することがあるからです。

その手にのって営業マンが売りたい新築物件に気を引かれてしまうと、いい中古物件と出会えず、住宅選びが難航してしまうかもしれません。

不動産営業マンが住宅ローンの借入期間を延ばしたがるのはなぜか？

高い物件の方が、よりあなたに気に入ってもらえる

資金計画を立てる際に大切なのは、住宅ローンを初めから最長の返済期間（35年）で借りるものと設定しないこと、また、年収からローン借入ができる上限いっぱいの金額を設定しないことです。購入後に平穏な生活を送るために、借金はできるかぎり少ない方がいい、そして返済期間は短いのがいいというのは言うまでもありません。

そこで気をつけなければならないのは、最初から無謀な返済計画を立てたがる不動産営業マンがいることです。なぜ不動産営業マンは、そのような資金計画を立てたがるのか？　それは、借りられる住宅ローンの金額の上限が多ければ紹介できる物件の数が増え、成約してもらいやすくなるからです。

あなたが不動産業者を訪ねると、営業マンから「今住んでいる家のお家賃はいくらですか?」と聞かれると思います。今の家賃がたとえば月10万円であることを告げると、通常、その家賃と見合った住宅ローンの資金計画を立てようとします。

次ページの具体的な資金計算を見てください。毎月返済額を10万円で計算すると、25年返済よりも35年返済のほうが約770万円多く借りられることになります。

でも、これは単に770万円の増額というわけではありません。借入金額を増やせば当然、利息分を含めた総返済額も増え、住宅ローンを途中で返済できなくなるリスクも高まります。

左図5－5の計算例のように、返済期間の取り方次第では総額で約1200万円も多く返済することになります。1200万円は770万円の実に1・5倍以上の額です。

そして一度、高額な物件が買えるとわかると、価格の低い物件と比べ、さまざまな面でそれなりにグレードアップしていますので、元から検討していた価格の低い物件を購入する決断をしづらくなります。そこを理解しておきましょう。

5-5 返済期間が長くなると、返済額がアップする

住宅ローン返済期間ごとの計算例

●**毎月10万円の返済で借りられる住宅ローン金額**
（元利均等返済方式、年利1.5%の場合）

25年返済	10万円／月÷3,999円／月	≒	2,500万円
35年返済	10万円／月÷3,061円／月	≒	3,270万円

25年返済を35年返済にすると、
借りられる金額が**770万円UPする！**

●**毎月10万円支払いからの返済総額の比較**
（上記と同じ条件）

2,500万円を25年返済	➡	総返済額　金29,995,224円
3,270万円を35年返済	➡	総返済額　金42,051,370円
		差額金12,056,146円

「現在は、毎月10万円の賃料です」と始まった話から、
返済総額で**1,200万円以上も**
ローンを多く支払うことになる

最適なローン借入期間は自らシミュレーションする

では、最適な住宅ローンの借入期間とはどのくらいなのでしょうか？

確かに、借入期間を延ばせば支払うべき利息額は多くなりますが、その一方で、毎月の返済額を少なくする効果もあります。毎月の支払負担が軽減すれば、教育資金や老後資金などへの備えにも役立ちます。問題なのは、不動産業者が住宅ローンの構造や長所・短所についてきちんと説明せずに借入期間を長く設定し、借入上限金額いっぱいで物件を選定するよう誘導する場合です。

営業マンからは、「借入期間は最大に設定しておいて、後から繰り上げ返済によって返済期間を徐々に短くしましょう」とアドバイスされることが多いのですが、計画的に繰り上げ返済をすることはそれほど簡単ではありません。教育費や老後への備えも考慮すれば、住宅ローンの借入期間を安易に35年などと考えるべきではないのです。

営業マンの言葉に左右されないためにも、まずは自分で返済期間についてシミュレーションをして、適切な借入期間を見つけ出しましょう。ちなみに30年、35年というキリのいい数字でなくても27年、31年といった年数でも組むことができます。今はインターネット上で便利な資金計画シミュレーション表を多数検索できますので、自分の定年退職の時期や、子供の進学時期などに合わせて、どのくらいの借入期間が適切なのか、そして、返済金額はいくらぐらいなら大丈夫なのか、など何通りもシミュレーションしてみることをお勧めします。

購入したい物件の価格交渉術

価格交渉の前に相場観を身につけよう

家には、定価がありません。ですから、新築で売れ残っている場合や、中古の物件などは、まずは業者に価格交渉をすることができます。高い買い物ですから、少しの値引きでも効果は抜群です。ただし、価格交渉は「本気でこの家を買う」と思ったときにかぎります。「○○万円くらい下がったら買おうかな」程度では、売主や担当営業マンの心証も悪くなるので気をつけてください。

価格交渉を成功させるには、まず、価格に対する相場観を身につけます。仲介業者は「安くしてほしい」というだけでは、値引き可能額を提示してくれません。

そのためには、自分の比較対象にできる物件を、少なくとも2、3件は下見しておきます。この場合の比較対象とは、あくまで「他の選択肢の一つ」と思える物件です。新築と中古が混ざっても構わないので、本命と比較できる物件を、複数選んでおいてください。

そして、その相場感からはじき出した数字で、「○○万円くらい値引きしてもらえそうですか?」と聞いてみましょう。すると営業マンからは、「具体的な価格交渉であれば、書面で売主さんへお伝えください」とお願いされるかと思います。価格交渉に慣れていないと本心の額よりも少なく提示してしまいがちですが、逆にあまり大きく提示してしまうと相手方の心証を悪くすることにもなり、値引き交渉とは難しいものです。ちょっと多めにして、渋られたら値段を上げる……という人もいましたが、価格交渉とは、このように互いのカードを出し合い、着地点を見つけるものです。

なお、不動産業者が一度購入してリフォームした上で再販する中古住宅（いわゆるリノベ住宅）は、どちらかというと新築住宅に近い考え方となります。後に説明する「新築住宅の価格交渉」を参照してください。

「中古住宅」の価格交渉術

具体的な交渉術に入ります。この項では、「一般の人が売主である中古住宅」を本命として検討している場合の交渉術です。

価格交渉を行いたい住宅が見つかったら、不動産業者を通して、売主が住宅を売却する理由を尋ねてみてください。転勤・転職、離婚による財産分与、住宅の買い替えなど、売却する理由はさまざまですが、要は「売り急いでいる状態」であれば価格交渉しやすいからです。

しかし、売り急いでいるとわかるような事情など、なかなか正直には教えてはくれないかもしれません。また、離婚などのネガティブな理由をわざわざ伝えてくることもほとんどありませんが、そこは営業マンの腕次第です。

また交渉できる可能性が高いのは、売主側が住宅の買い替えを予定している場合です。買い替えが理由ということであれば、率直に伝えてくれることが多いものです。

住宅を買い替えるとき、新たに買う不動産の売買契約に「停止条件」といわれるものが付いていることがよくあります。これは、今の家が希望する価格で売却できればこの家を買いますという条件付きの契約です。

このときの希望売却価格には、ある程度の値引きを想定した下限幅を設けている場合が多いのです。とりわけ、不動産業者による下取り購入が決まっている場合には、下取り価格は相場の15～30％程度低い水準が多いので、この下取り価格よりも高く売れるのであれば、売主としても価格交渉に応じる余地があるというわけです。

買い替えを予定している売主側にとっては酷な材料なのですが、買主側は必ず確認すべきポイントです。

内外装や設備の劣化は価格交渉の好材料

中古住宅は多少の汚れや破損が生じているものです。容易に補修できるものもありますが、なかには大がかりな修繕が必要な劣化もあり、なかなか一般の人には見分けられません。

もし仲介業者がリフォームに詳しい会社であれば、リフォーム修繕にかかる費用の見積もりをお願いするようにしてください。その見積もり額を交渉金額にすることが考えられます。

販売開始の時期からの交渉幅を探る

不動産仲介業者が売主に対してアドバイスする売却可能価格は、一般的に、売却を開始してから1~2か月の間に売れる金額です。ある程度幅を持たせて、「3500万~3800万円くらいなら売却可能でしょう」などと伝えます。そして通常、売主はその上限金額(3800万円)または上限よりやや高い価格をつけます。

これから価格交渉して購入しようとする物件が、あなたにとって、この上なく魅力的なものならば、最小の値引き幅、または売主の希望金額に近い価格で交渉した方がいいでしょう。なぜなら、あなたにとってベストのものは、他の人も気に入る可能性が高いからです。大胆な価格交渉をすればチャンスを失うかもしれません。

対して、セカンド・ベスト以下である場合や、その物件が不動産物件情報に数か月以上も掲載されていれば、大胆な価格交渉をしてみましょう。何%下げて交渉すべきか、ここで一律には提示できませんが、あなたが考える最大限の値引き交渉額と申し上げておきます。

ちなみに、不動産物件情報に半年～1年以上掲載され続けている売り物件は、もともと売主が本気で売却する意思がなく、「高ければ売る」程度のいわば遊休資産の可能性があります。値引きするくらいなら売却しないと、価格交渉に応じてもらえない場合が多いと思われます。

売主の住宅ローンの残債額を確認する

私が事業用不動産などのコンサルを行う場合にも使う交渉術です。住宅ローンの残債がいくらであるかを聞き取り、残債額と売却可能金額を比較します。

例えば、住宅ローンがあと3000万円残っているのに、2000万円で売却してしまっては1000万円借金が残りますので、やはり3000万円以上で売却することを望みます。つまり、住宅ローンの残債＝一応の売却最低ラインといえ、この場合には価格交渉は難しいことが予想されます。このように、売主がまだ返し終わっていないローンの金額は、買う側としては価格交渉の目安になるわけです。

ただ、売主側がローンの残債額を伝えてこないこともあります。

売主の保証責任を交渉材料に

一般の人が売主である中古住宅について、最後に紹介したいのが売主の保証責任とからめた価格交渉術です。

法律的な話になりますが、保証責任は中古住宅を購入する場合にはとても大事なものですので、ぜひ知っておいてください。

売主は、民法の規定で「瑕《か》疵《し》担《たん》保《ぽ》」という責任を負うことになっています。売ったものに欠陥があった場合には、買った人への保証責任が問われるということです。しかし、これは任意規定といって、実際にその約束をするもしないも契約当事者の自由とされています。つまり、売主（一般の売主に限る）は、住宅に関する保証責任を一切負わないとすることもできるのです。

実際の不動産取引においても、売主側は初めから保証責任を負わない前提で売却活動をする場合も少なからずあります。売買契約が成立した後で、損傷箇所について買主からあれこれ指摘されるのを避けたいためです。

だからといって、買主側からはなにも交渉できないということではありません。保証責任を一切負わないとする契約は、買主であるあなたが納得して契約書にサインをした場合にかぎり成立します。**価格を下げる交渉と併せて、売主の保証責任たる**

瑕疵担保責任もきちんと取ってもらうよう交渉しましょう。不動産業者に対しても、そのようにお願いするようにします。

この保証責任の内容は、民法上、「隠れたる瑕疵」とされています。隠れたる瑕疵とは、普段の生活では見つけられなかった欠陥という意味で、床下にもぐらないと見つからない白蟻の被害や、天井裏を隅々まで見なければ分からなかったような雨漏りなどが代表的なものです。売主が実は知っていた欠陥（例えば以前から室内に雨漏りしていたなど）は、隠れたる瑕疵とはいえません。

瑕疵担保責任についての交渉では、住宅の引き渡しから、いつの時点まで責任を負ってもらえるのかという期間もポイントになります。

売主が保証責任を負う期間は、1年をひとつの目安として、価格交渉に応じて半年あるいは数か月程度で検討するのが一般的です。1年を目安とするのは、梅雨どき、台風の季節、積雪の季節など四季を一巡することで、欠陥のだいたいの有無が判別できることからきています。

さて、問題は、価格交渉に応じてもらえず、保証責任も取ってもらえないというケースです。それでは買う側として、あまりにも条件が悪すぎます。

売主と同じ一般の人であるあなたが、住宅に普通に備わっているべき機能を期待するのは当然のことです。売主も買主も、不動産に関してはいわば素人で対等な立場になりますので、売主側が保証責任をまったく取らないのは、取引として公平ではないでしょう。

もし、売主側の売却条件が初めから瑕疵担保責任を一切負わないものだったとしても、一定の保証責任を取ってくださいとお願いすべきです。そのうえで、売主が応じてくれそうな保証責任の内容、期間を考慮しつつ、それに見合った価格交渉を行います。つまり、売り主が負うべき補償責任とは、あらかじめ決められた内容だけではないのです。

なお、不動産業者が売主である住宅については、一定の保証責任を取ることが法律であらかじめ定められています。交渉材料にはならないので注意してください。

購入申込書に書く条件とは？

いざ、この物件を購入しようと決めたら記入する、購入申込書（買付証明）について説明します。これは契約書に相当するものではなく、こちら側の買うための条件を示すものです。書面の作成は不動産業者が行ってくれるので、具体的な条件提示の内容をチェックしましょう。

申込書では、「この価格で購入したい」という希望価格も提示します。

売りに出されている額が3800万円で、こちら（買主）の希望額が3600万円だとしたら、3400万円と低めに条件提示をします。江戸時代の大岡越前の「三分一両損」ではないですが、私の経験則で申し上げれば、やはり足して二で割る中間値が日本人の感覚として落としどころになるからです。この場合、お互い200万円ずつ歩み寄って3600万円に落ち着く可能性が高いといえます。

このような条件提示を不動産業者任せにしてしまうと、自分の意図する着地点とはかけ離れたものとなりがちなので、なるべく具体的な金額を指示します。

価格交渉のための「中古住宅（一般売主の場合）購入申込書」のポイントは下記のとおりです。

・指値価格と契約条件（瑕疵担保責任等）をセットで表記する
・自分がきちんと住宅ローンを組める者であることを証明する（事前融資内定書など）
・頭金を多く準備できる際には、手付金を多めに設定できることも表記する
・建築設計関係図面が充分に揃っていない場合には不安要因として記述する
・住宅を褒め、大事に使わせていただくという記述をする（好印象につながる）
・細かな減額理由（修繕の必要性等）は記述せずに口頭にて不動産業者経由で伝える

「新築住宅」の価格交渉術

中古住宅と比べて、専ら不動産開発業者が売主である「新築戸建て」「新築マンション」については、価格交渉のためのカードはかぎられます。

中古住宅の場合、保証責任（瑕疵担保責任）と併せて価格交渉するのが有効でしたが、

不動産業者が売主の新築住宅の場合、保証責任は法律できちんと定められています。

法律で定められている保証責任よりさらに厳格な保証責任を求めても、特定の買主だけに特別に応じることはありえないので、**保証責任を契約交渉のカードにすること**はできません。

建物が完成してからどれくらい期間を経ているかチェックする

戸建てでもマンションでも、建物が完成してから長い期間売れずに残っていることは分譲開発業者のイメージを損なうものです。それなりの期間を経た後には、値引きをしてでも早めに完売させたいと考えるでしょう。

私が戸建て分譲開発会社に勤務していたときは、**建物が完成した時点から約3か月を過ぎると値引きに応じることも検討し始めていました。**さらに5〜6か月経っても売れ残った場合には、すでに販売した他の購入者からの反感を買うことも承知のうえで、値下げ広告を打ちました。値下げ広告は会社のイメージを損なうものですが、やむを得ないのです。

従って、建物が完成した時期から時間が経っているほど値引きを受けやすくなります。値引き額はどれくらいが適切かと問われれば、通常、**分譲開発業者が物件価格に乗せている利益幅はマンションで12〜18%程度、戸建ては8〜12%程度とされます。**この利益率が開発業者の損益分岐点なので、ひとつの目安にはなると思われます。

その際、できれば周辺の新築住宅の値下げ動向もチェックしてください。開発業者は周辺物件の販売状況にはとても敏感です。同類の新築住宅が値下げ広告を出していれば、その価格に大きく影響されます。

買い手側としては、完成して期間を経たものは売れ残り物件という抵抗感があるかと思いますが、初めから敬遠せずに検討してみてもいいのではないでしょうか。

また、売主の開発会社の決算期をあらかじめホームページなどで調べておくことをお勧めします。

販売を始めた物件はできるだけその期末までに完売させたいというのが、開発会社の本音だからです。

完成後間もない新築の交渉額は、価格の端数がひとつの目安

「端数価格効果」という言葉をご存じでしょうか。3980万円のように、端数に8などがつくことで、消費者は4000万円から20万円値引きしてくれていてお得だと感じるのです。

この端数は、値引き交渉がしやすい部分でもあります。営業マンが上司から値引きに応じていいと了承を得やすい数字で、3980万円の物件価格であれば、80万円の値引き交渉には応じてくれる可能性があります。

設備備品のおまけ金額と交渉可能金額をよく比較すべき

ときどき、住宅を買った方から、営業マンが提案してくれたおまけの設備備品に釣られて住宅を衝動買いして後悔したという話を聞きます。

例えばエアコンなど、家電量販店に行けば、8畳タイプで取り付け工事費を含めて10万円程度の商品も多数あります。金額的に決して大きくはないのですが、ファッ

ション雑誌の付録のようにお得に感じてしまうのでしょう。

流行のシーリングファン付照明器具も、10万円もしないものも多く、マンションであれば取り付けは比較的簡単です(戸建ての場合は天井補強工事が必要)。

住宅自体の価格を値引きしてもらった方が得なことが多いのですが、値引きの場合は財布の中に現金が戻るわけではないので、その分どうしても実物のものに気持ちが動かされやすいようです。営業マンからの設備備品の提案については、冷静に考えましょう。

Column

不動産業者がいう「未公開物件」の中身

不動産業のキモは物件情報の質であり、不動産業とは情報産業であるともいえます。

よく、ポスティングされている不動産のチラシに「未公開物件」という売り文句が掲げられていることがあります。これは未公開といっても、単に不動産情報データベース「レインズ」に掲載されていないものというだけの意味であることが多いです。レインズとは、国土交通省関連の公式なデータベースで、不動産業者と売主が売却依頼の専任媒介契約を締結した際に、物件を登録することになっています。

なぜ公式の物件データベースに情報登録しないのか、その主な目的は、情報の特別さを演出することです。そして、この未公開物件は、チラシで「公開」している以上、本当の未公開とはいえません。売り情報はすでに拡散しているので、未公開の意味は瞬時に薄れます。

一方、チラシなどで情報を拡散しない秘匿の物件情報であれば、質の高い情報である可能性も出てきます。なぜ秘匿にするかといえば、やはり物件の質がよく、いち早く売れるからです。そうした質の高い物件情報は、特定のお得意様にのみ提供され、短期のうちに契約が成立する動きになります。売却依頼を受けたうえで、買主を直接見つけられるのであれば、「両手手数料」となります。ただし、このような情報の秘匿は「囲い込み」といわれる行為で、住宅を適正価格で売るための市場原理が働きにくく、売る側にとってはあまり好ましいものではありません。

おわりに

私が住宅資産についてコンサルティングを行ったときに、このようなことがありました。

相談に来た老夫婦には50歳代になられた未婚の息子さんがおられました。ご両親は、息子さんに今の住まいを相続して欲しい希望があったのですが、息子さんとしては、親御さんへ個人的なわだかまりがあり、相続財産など一切受けたくないというのです。

その家は駅からの利便性もよかったので、私から息子さんには、「住宅を持てるだけでも一般の人からみれば相当恵まれています。そして、ご自身が、将来、高齢に至って仕事を辞めた場合など、生活資金的な面でもメリットは充分あります」と申し上げたのですが、息子さんは、さらっと、私にこう言うのでした。

「生活できなくなったら、生活保護を受けますから。」

相談者の老夫婦としては、これから自分たちの身の回りの面倒を見て欲しいので、できれば息子さんに一緒に住んで欲しいという気持ちがあったことは確かでしょう。息子さんご自身の負担も考えれば、財産を受けたくないと拒否されたことも理解できます。

しかしながら、息子さんの本心は正確には分かりませんが、こうした言葉が息子さんの口からさらっと出てきたときにはとても違和感がありました。私としては、国が生活保護の制度を設け、国民に対して必要最低限の生活を保障している、そもそもの趣旨を息子さんが勘違いしているように思えたからです。

これからの日本において、高齢者が占める割合は相当数に至る時代が確実にやって来ます。日本人の多くが感じる将来に対する不安、とりわけ、老後に対する不安感が拭えません。また国の財源は無限にはありません。日本における将来の年金受給額は年代が若いほど少額となります。少額な年金の受給だけではまともな生活を送れない場合に、さらに10年あるいは20年などと仕事を続けなければならないことを想像したとき、あなたは自身の姿をどのように想像するでしょうか。

やはり、現時点から、将来の生活設計を正しくイメージすべきなのです。

ひとそれぞれライフスタイルはさまざまですので、一概に将来に対する方針や答えを明示することなどできません。しかしながら、住宅という大きな買い物をすべきかどうかを迷っている人に対し、「人それぞれの価値観によって違いますので」と、抽象的なアドバイスに終始していてはより迷わせるばかりです。

生涯における住宅問題とどのように向き合っていくべきか、不動産の専門家であれば、判断を促すための参考資料を提供することは充分可能です。この本は、そういった前に踏み出すための材料として書き上げました。

私がお伝えしたい主旨は、**平均寿命がますます延びる日本社会においては、住宅購入は将来に対する有効な「投資」となり得ること、ただし、どこでも買えばいいというものではなく、資産性の観点からは、なるべく「利便性」を重視して探すべき**ということになります。

利便性を重視すれば必然的に価格が高くなりますので、中古住宅の資産性について改めて理解を深めなければいけなくなるでしょう。また、車の保有についても考え方が変わってくる場合もあるかと思います。

本書は、住宅を買うと決断しようとしている方だけではなく、「住まい」という問題にどう向き合っていくべきかという若い世代の方々へのメッセージでもあります。また、既に住宅を購入した人であれば、その選択は適切であったかどうか、具体的な検証材料になるかと思います。ご参考にしていただければ幸いです。

最後になりましたが、この本が発刊されるまでに多くの方からご指導及びご協力をいただきました。出版のきっかけを作ってくださいましたネクストサービス株式会社の松尾昭仁様には感謝の言葉もありません。この場をお借りしまして、厚く御礼の言葉を申し上げます。

また、私の稚拙な文章に、何度も丁寧にご指導を頂きましたダイヤモンド社の木村香代様、そして編集・ライティングでお手伝いいただいた黒澤彩様にも、あらためまして、感謝の言葉を申し上げさせていただきます。本当に、ありがとうございました。

そして、本書を最後までお読みいただいた読者様への感謝の意を申し上げつつ、ペンを置きたいと思います。ありがとうございました。良き住まいとともに、良き人生がありますように。

不動産鑑定士　松本　智治

［著者］
松本智治（まつもと・ともはる）
不動産鑑定評価システム代表、不動産鑑定士。神奈川県横浜市出身。大学卒業後、不動産鑑定事務所、不動産仲介業、戸建て分譲デベロッパーを経て独立、投資用不動産調査や事業用不動産コンサル業務などを行う。

住宅仲介会社では契約取引業務、戸建て分譲デベロッパーでは用地の仕入れから販売まで1,000戸以上に関わる。不動産鑑定評価関連では、外資系金融機関（ゴールドマン・サックス、ドイツ銀行等）からの不動産デューデリジェンス（詳細調査業務）なども含めて幅広く関わり、これまでの不動産価格に関する鑑定及び査定実績は大小含め1,000件以上。オフィスや店舗賃料に関する「適正賃料マーケット・レポート」の作成にも携わり800件以上の査定実績を有する。仲介から戸建て建築、宅地造成、ビル建築再開発、賃貸不動産経営、そしてエリア調査まで、不動産に関わる現場を広く経験しているのが強み。

一般の住宅購入検討者に対し、購入すべきか賃貸とするか、購入するときの物件選別ポイントなどの住まい購入に関する相談などを受け、偏らないアドバイスが好評を得ている。

家を買って得する人、損する人
――人気不動産鑑定士が教える、将来不安がなくなる家の選び方

2017年5月24日　第1刷発行

著　者――松本智治
発行所――ダイヤモンド社
〒150-8409　東京都渋谷区神宮前6-12-17
http://www.diamond.co.jp/
電話／03･5778･7234（編集）　03･5778･7240（販売）

装丁・本文デザイン・DTP――大谷昌稔
製作進行――ダイヤモンド・グラフィック社
印刷――――八光印刷（本文）・共栄メディア（カバー）
製本――――本間製本
企画協力――ネクストサービス株式会社　松尾昭仁
編集協力――黒澤 彩
編集担当――木村香代

ISBN 978-4-478-10262-6